中华人民共和国法律释义丛书

中华人民共和国民法典
人格权编释义

黄薇/主编

法律出版社
LAW PRESS · CHINA

图书在版编目(CIP)数据

中华人民共和国民法典人格权编释义 / 黄薇主编. -- 北京：法律出版社，2020
(中华人民共和国法律释义丛书)
ISBN 978-7-5197-4550-9

Ⅰ.①中… Ⅱ.①黄… Ⅲ.①人格-权利-法律解释-中国 Ⅳ.①D923.15

中国版本图书馆 CIP 数据核字(2020)第 082178 号

中华人民共和国民法典人格权编释义
ZHONGHUA RENMIN GONGHEGUO MINFADIAN RENGEQUANBIAN SHIYI

黄 薇 主编

策划编辑 张发靖 李 群
责任编辑 陶玉霞 张婉凝
装帧设计 李 瞻

出版 法律出版社
总发行 中国法律图书有限公司
经销 新华书店
印刷 三河市龙大印装有限公司
责任校对 张红蕊
责任印制 吕亚莉

编辑统筹 法规出版分社
开本 A5
印张 7.75
字数 168 千
版本 2020 年 7 月第 1 版
印次 2020 年 7 月第 1 次印刷

法律出版社/北京市丰台区莲花池西里 7 号(100073)
网址/www.lawpress.com.cn
投稿邮箱/info@lawpress.com.cn
举报维权邮箱/jbwq@lawpress.com.cn
销售热线/400-660-8393
咨询电话/010-63939796

中国法律图书有限公司/北京市丰台区莲花池西里 7 号(100073)
全国各地中法图分、子公司销售电话：
统一销售客服/400-660-8393/6393
第一法律书店/010-83938432/8433　西安分公司/029-85330678　重庆分公司/023-67453036
上海分公司/021-62071639/1636　深圳分公司/0755-83072995

书号：ISBN 978-7-5197-4550-9
定价：38.00 元
(如有缺页或倒装，中国法律图书有限公司负责退换)

前　言

编纂民法典是党的十八届四中全会确定的一项重大政治任务和立法任务，是以习近平同志为核心的党中央作出的重大法治建设部署。2020年5月28日，十三届全国人大三次会议审议通过了《中华人民共和国民法典》。这是新中国成立以来第一部以“法典”命名的法律，是新时代我国社会主义法治建设的重大成果。民法典系统整合了新中国成立70多年来长期实践形成的民事法律规范，汲取了中华民族5000多年优秀法律文化，借鉴了人类法治文明建设有益成果。民法典的颁布，标志着我国依法保护民事权利将进入全新的“民法典时代”。

《中华人民共和国民法典》共7编1260条、10万多字，是我国法律体系中条文最多、体量最大、编章结构最复杂的一部法律。要实施好民法典，就必须让民法典走到群众身边、走进群众心里。

为了配合民法典的学习、宣传和实施，帮助读者及时准确理解民法典的内容，全国人大常委会法制工作委员会民法室参与立法工作的同志编写了“中华人民共和国民法典释义”系列图书。本套书分为7册，包括总则编释义、物权编释义、合同编释义、人格权编释义、婚姻家庭编释义、继承编释义、侵权责任编释义，由全国人大常委会法制工作委员会民法室主任黄薇同志任主编，参加撰写工作的还有杨明仑、杜涛、石宏、段京连、庄晓泳、孙娜娜、李恩正、朱书龙、宋江涛、孙艺超、马吾叶、罗鑫煌、魏超杰、王灯、朱虎、龙俊等。

本书按照释义编写体例,采用逐条解读的方式,通过提炼条文主旨、梳理立法意见、介绍立法经验、例举示范案例等形式,深刻阐释民法典全部内容,力求全面、准确反映立法原意。

因时间和水平有限,如有疏漏之处,敬请读者批评指正。

作　者

2020年7月

目　　录

第四编　人　格　权

第一章　一般规定 …………………………………… 003
第九百八十九条　【人格权编的调整范围】①…………… 003
第九百九十条　【人格权类型】 ……………………… 009
第九百九十一条　【人格权受法律保护】 ……………… 017
第九百九十二条　【人格权禁止性规定】 ……………… 018
第九百九十三条　【人格标识许可使用】 ……………… 020
第九百九十四条　【死者人格利益保护】 ……………… 024
第九百九十五条　【不适用诉讼时效的请求权】 ……… 029
第九百九十六条　【责任竞合情形下精神损害赔偿】…… 034
第九百九十七条　【人格权行为禁令】 ………………… 037
第九百九十八条　【认定人格侵权责任应考虑的主要因素】 ……………………… 041
第九百九十九条　【人格权的合理使用】 ……………… 047
第一千条　【消除影响、恢复名誉、赔礼道歉等民事责任的承担】 ……………… 050

---

① 条文主旨为编者所加，仅供参考。下同。

第一千零一条 【身份权的法律适用】 …………… 055

第二章 生命权、身体权和健康权 …………… 057
第一千零二条 【生命权】 …………… 058
第一千零三条 【身体权】 …………… 059
第一千零四条 【健康权】 …………… 061
第一千零五条 【法定救助义务】 …………… 063
第一千零六条 【人体捐献】 …………… 066
第一千零七条 【禁止人体买卖】 …………… 074
第一千零八条 【人体临床试验】 …………… 077
第一千零九条 【与人体基因、人体胚胎等有关的医学科研活动】 …………… 084
第一千零一十条 【性骚扰】 …………… 087
第一千零一十一条 【侵害行动自由和非法搜查身体】 …………… 092

第三章 姓名权和名称权 …………… 095
第一千零一十二条 【姓名权】 …………… 096
第一千零一十三条 【名称权】 …………… 103
第一千零一十四条 【姓名权或名称权不得被非法侵害】 …………… 109
第一千零一十五条 【自然人选取姓氏】 …………… 112
第一千零一十六条 【决定、变更姓名、名称或转让名称的法定程序及法律效力】…… 121
第一千零一十七条 【笔名、艺名等的保护】 …………… 123

第四章　肖像权 …… 127
第一千零一十八条　【肖像权及肖像】 …… 127
第一千零一十九条　【肖像权消极权能】 …… 132
第一千零二十条　【肖像权的合理使用】 …… 135
第一千零二十一条　【肖像许可使用合同解释规则】…… 140
第一千零二十二条　【肖像许可使用合同解除权】 …… 140
第一千零二十三条　【姓名许可和声音保护的参照适用】 …… 144

第五章　名誉权和荣誉权 …… 146
第一千零二十四条　【名誉权及名誉】 …… 147
第一千零二十五条　【实施新闻报道、舆论监督等行为与保护名誉权关系】 …… 152
第一千零二十六条　【合理核实义务的认定因素】 …… 156
第一千零二十七条　【文艺作品侵害名誉权】 …… 159
第一千零二十八条　【媒体报道内容失实侵害名誉权的补救】 …… 162
第一千零二十九条　【信用评价】 …… 165
第一千零三十条　【处理信用信息应遵循的规则】…… 168
第一千零三十一条　【荣誉权】 …… 171

第六章　隐私权和个人信息保护 …… 174
第一千零三十二条　【隐私权及隐私】 …… 174
第一千零三十三条　【隐私权侵害行为】 …… 182
第一千零三十四条　【个人信息】 …… 185
第一千零三十五条　【个人信息处理的原则和条件】…… 197

第一千零三十六条　【处理个人信息免责事由】 ……… 201
第一千零三十七条　【个人信息主体的权利】 ………… 205
第一千零三十八条　【信息处理者的信息安全保护义务】 ……………………… 207
第一千零三十九条　【国家机关、承担行政职能的法定机构及其工作人员的保密义务】 ……………………… 210

附　录 ……………………………………………… 213
中华人民共和国民法典(节录) ……………………… 213
关于《中华人民共和国民法典(草案)》的说明(节录) ………………………………………… 224

第四编　人　格　权

本编坚持以人民为中心,顺应人民群众对人格权保护的迫切需求,在现行有关法律法规和司法解释的基础上,对人格权的一般规定以及各种具体人格权作了较为详细的规定,为人格权保护奠定和提供充分的规范基础。

在立法过程中,对民法典是否单独设立人格权编,一直有不同的争论观点。从总体情况看,各方面都赞成通过立法加强人格权的保护,但对立法形式有不同意见。绝大多数意见认为:人格权独立成编,既能够体现立法对人格权制度的高度重视,彰显人格权制度的重要性,也可以适应人格权制度的发展,回应社会对加强人格权保护的呼声,有利于解决人格权保护领域出现的新情况和新问题;采用独立成编的立法形式,既符合民法调整人身关系和财产关系这种体系结构的内在逻辑,也是对我国自民法通则以来的民事立法经验的继承和发展。但也有的意见认为:从境外的立法看,在民法典中专编规定人格权的国家和地区并不多;不赞成人格权独立成编,建议在第 1 编总则和第 7 编侵权责任中完善人格权制度。

人格权是民事主体对其特定的人格利益享有的权利,关系到每个人的人格尊严,是民事主体最基本、最重要的权利。保护人格权、维护人格尊严,是我国法治建设的重要任务,近年来加强人格权保护的呼声和期待较多。为了贯彻党的十九大和十九届二中全会关于"保护人民人身权、财产权、人格权"的精神,落实宪法关于"公民的人格尊严不受侵犯"的要求,坚持以人民为中心,回应社会关切,顺应人民群众对人格权保护的迫切需要,满足人民日益增长的对人格权保护的需求,为司法实践提供较为明确的裁判依据,实现民法典的体系化,综合考虑各方面意见,在现行有关法律法规和司法解释基础上,总结我国现有人格权保护的实践经验,在民法典中增加人格权编是较为妥当、可取的。通过专编规定人格权,也有助于将本法总则编所规定的人格权予以细化,而且使民法典的体系与其调整对象吻合,体例更完善,逻辑更严密。同时,可以将现行法律中关于人格权的分散规定集中展现,对不够具体的加以具体化,对社会生活中亟须规范而没有规范的予以明确,还可以将法规、规章、司法解释已作规定,并经实践检验行之有效,但尚未上升到法律的规定纳入民法典,这也与民法典编纂的时代性和对现行民事法律规范进行系统整合的立法目标相契合。通过专编规定人格权,对人格权予以具体详细规定,有助于民事主体了解自己所享有的各项人格权,具有人格权宣示的作用,意义重大。民法通则也在民事权利这一章中专节规定了人身权,这是我国民事立法的重大成就,凸显了对人格权的尊重和保护,影响深远,本法应当延续这一做法。本编主要是从民事法律规范的角度规定自然人和其他民事主体人格权的内容、边界和保护方式,不涉及公民政治、社会等方面权利。

本编分为6章,共51条,规定了自然人所享有的人格权和法人、非法人组织享有的人格权,包括人格权的一般规定(第1

章)以及各项人格权的具体规定(第2~6章)。

第一章 一般规定

本章共13条,对人格权编的调整范围、人格权的范围、人格标识许可使用、死者人格利益保护、人格保护的动态考量因素、人格权的特殊保护方式等作出了规定。

第九百八十九条 本编调整因人格权的享有和保护产生的民事关系。

【释义】 本条是关于人格权编调整范围的规定。

人格权的概念在民法中的确立经历了较长的过程。罗马法中并不存在现代的人格权概念,但其在"侵辱之诉"中包括了对身体、名誉和尊严的保护。近代的民法典也多以财产法为中心构建,对人格权的保护是不足的。但是,随着社会的发展和技术的创新,人格权保护领域出现了很多新情况、新问题,突出表现在以下几个方面:一是人格权益的类型越来越多样。在传统的生命权、身体权、健康权、姓名权、名称权、肖像权、名誉权、荣誉权等具体人格权之外,出现了隐私权、个人信息等需要保护的新型人格权益。二是人格权保护涉及的法律关系越来越复杂,对人格权的保护往往需要平衡不同利益主体的利益诉求。例如,对身体权、健康权的保护涉及器官和遗体捐献等问题;对个人信息的保护需要明确个人信息的保护范围,处理者的具体义务，个人信息保护和数据资产化之间的关系等问题。三是侵害人格权的方式越来越多样，后果越来越严重。随着信息技术、互联网技术和大数据技术的发展，网络谣言、人肉搜索等网络暴力和非法披露他人隐私、非法传播他人信息等侵害民众的名誉、隐私、个人信息等人格权益的情形时有发生，严重损害了人们的人格权益，也造成了较为严重的社会后果。司法实践中，关于人格权保护的问题也越来越突出。同时，各国的宪法也越来越重视对人格尊严的保护。

所有这些促使了人格权概念的形成和发展。在法国，法院通过《法国民法典》第 1382 条为人格权提供了保护，逐渐承认了人格权的民事权利属性，并在《法国民法典》中增加了第 9 条以及第 16 条以下条款，明文规定了私生活受尊重的权利、身体完整权等各项人格权利。在德国，基于以财产保护为中心、人格权的不确定性、不当混淆了人格权的主体和客体等原因，《德国民法典》未规定一般意义上的人格权，除侵权法第 823 条第 1 款所规定的生命、身体、健康、自由之外，仅明文规定了姓名权（第 12 条）、信用权（第 824 条）、性自主权（第 825 条）等几项具体的人格权。但是，德国法院和法学界通过《德意志联邦共和国基本法》创设了一般人格权概念，并将一般人格权置于《德国民法典》第 823 条第 1 款的"其他权利"中，发展出了大量的案例，以弥补民法典关于人格权立法的不足。甚至，法国和德国在"二战"后都曾经进行过人格权立法的多次努力，只是由于各种原因，这些立法努力最终没有成功。瑞士法中，最初对人格权的保护也存在诸多不足，但以《瑞士民法典》第 28 条为基础，瑞士联邦法院进行了十分重要的发展与造法，并在 1983 年 12 月 16 日通过了对于《瑞士民法典》的修改，完善人格权的内容、对精神损害赔偿的要件进行了改革、强化对人格权的保护，对侵害人格权的行为提供了广泛的救济。1991年颁布的加拿大《魁北克民法典》中涉及人格权的条文多达60多条，对生命权、身体完整和人身自由、尊严、荣誉、名誉、私生活等受尊重的权利明文予以规定。由此可见，加强对人格权的保护是国际上的立法和司法趋势。

民法通则在民事权利这一章中专节规定了人身权，规定了生命健康权、姓名权、名称权、肖像权、名誉权、荣誉权、婚姻自主权等人格权。本法总则编延续了这一方式。第109条规定，自然人的人身自由、人格尊严受法律保护。第110条规定，自然人享有生命权、身体权、健康权、姓名权、肖像权、名誉权、荣誉权、隐私权、婚姻自主权等权利。法人、非法人组织享有名称权、名誉权、荣誉权。第111条规定，自然人的个人信息受法律保护。任何组织或者个人需要获取他人个人信息的，应当依法取得并确保信息安全，不得非法收集、使用、加工、传输他人个人信息，不得非法买卖、提供或者公开他人个人信息。据此，本条明确规定，本编调整因人格权的享有和保护产生的民事关系。

首先，本编的调整范围与人格权有关。本法第2条规定，民法调整平等主体的自然人、法人和非法人组织之间的人身关系和财产关系。民法所调整的民事关系，根据权利义务所涉及的内容不同，可以分为两大类，即民事主体之间的财产关系和人身关系。人身关系，是指民事主体之间基于人格和身份形成的民事法律关系。人身关系有的与民事主体的特定身份相关，如配偶之间的婚姻关系，父母子女之间的抚养和赡养关系；有的与民事主体的人格利益相关。本编调整后一种人身关系。

所谓人格权,一般认为是指民事主体对其特定的人格利益所享有的排除他人侵害,以维护和实现人身自由、人格尊严为目的的权利。

应当注意的是,本编调整范围所涉及的是人格权而非人格。人格,指的是民事主体享有民事权利、承担民事义务的法律资格。我国自民法通则颁布以来,就严格区分了人格与人格权的概念,与"人格"相对应的概念是民事权利能力,而人格权是民事权利的一种,权利主体是具有民事权利能力的民事主体,不具有民事权利能力,就不享有人格权;但人格权所涉及的是人格利益而非作为民事权利能力的人格。

其次,本编所涉及的是人格权的享有和保护。人格权是与生俱来的,而法律对民事主体享有人格权予以确认,并对其予以保护,有助于通过法律手段加强对人格权的保障。本编所涉及的是人格权的享有和保护,并非意味着人格权的享有和保护仅能通过本编实现。本法总则编第109~111条对人格权进行了一般性的规定,同时,本法其他各编,尤其是侵权责任编,也涉及人格权的保护。但是,人格权编与侵权责任编的功能和定位不同。人格权编主要规定了人格权的类型、权利内容、权利边界、与其他价值之间的协调、行为人的义务和特殊保护方式等规则,侵权责任编主要着眼于对人格权的事后救济。侵权责任构成的前提离不开所侵犯权利的具体类型、具体内容以及行为人违反的具体义务,这都需要建立在人格权的确认、内容、利用和保护等具体规范之上。而侵权责任编由于受其功能所限,无法容纳这些具体规范。本编中对人格权的规定,将涉及人格权的具体内容集中予以细化规定,有利于维护个人的尊严和价值,有助于民事主体明确认识到自身所享有的人格权,使其能够主动地行使并保护自身的人格权,同时也能够充分尊重他人的人格权,为形成和谐稳定的社会秩序和弘扬社会主义核心价值观奠定基础。同时,鉴于侵权责任编对侵害民事权利的一般救济规则已作了较为详细的规定,人格权编只规定了保护人格权的特殊救济方式。因此,人格权编与侵权责任编既各有分工,又能够相互衔接,共同实现对人格权的保护。

最后,本编调整的是因人格权的享有和保护产生的民事关系。这意味着:第一,民事关系是法律调整的对象,民事法律关系是法律调整之后的结果;第二,调整的是民事关系,而非其他关系。人格权的享有和保护涉及多个法律部门的共同调整,有宪法、民法、行政法、刑法等,本编仅涉及其中的民事关系。

应当注意的是,在人格权问题上宪法和民法之间的关系。我国宪法确立了保障公民人身权利的原则。宪法第33条第3款规定:"国家尊重和保障人权。"第37条规定:"中华人民共和国公民的人身自由不受侵犯。任何公民,非经人民检察院批准或者决定或者人民法院决定,并由公安机关执行,不受逮捕。禁止非法拘禁和以其他方法非法剥夺或者限制公民的人身自由,禁止非法搜查公民的身体。"第38条规定:"中华人民共和国公民的人格尊严不受侵犯。禁止用任何方法对公民进行侮辱、诽谤和诬告陷害。"第39条规定:"中华人民共和国公民的住宅不受侵犯。禁止非法搜查或者非法侵入公民的住宅。"第40条规定:"中华人民共和国公民的通信自由和通信秘密受法律的保护。除因国家安全或者追查刑事犯罪的需要,由公安机关或者检察机关依照法律规定的程序对通信进行检查外,任何组织或者个人不得以任何理由侵犯公民的通信自由和通信秘密。"

首先,宪法的这些规定强调了国家对公民这些基本权利的保障义务,国家通过各种方式实现对这些基本权利的保障,通过立法予以保障是实现国家保障义务的重要方式之一,宪法的这些规定应当通过法律的具体规定予以落实。其次,宪法的规定不仅调整国家和公民之间的关系,其作为客观价值秩序,对公民和公民之间的私法关系也产生重要的价值辐射作用。因此,本法人格权编的具体规定,体现了宪法这些规范的上述两种功能。据此,宪法规范具有根本的、最高的规范层级,是国家的根本大法,是其他法律制定的依据,宪法中的这些规范构成了本法人格权编具体规定的规范基础,为人格权制度提供了合法性来源以及发展和完善的动力。本法人格权编的具体规定是对宪法这些规范的落实和具体化,体现了宪法的精神,落实了宪法的要求。这也是本法第1条中所强调的"根据宪法"的含义。为了确保宪法规定能够落到实处,民事法律需要将宪法规定的人格尊严予以细化,使之具有可诉性和可操作性,为人民法院保护当事人的人格尊严提供裁判依据。同时,本法对人格权的具体规定,涉及人格权的类型、权利内容、权利边界、与其他价值之间的协调、行为人的义务和特殊保护方式等规则,有助于将宪法的要求具体化,充实宪法的各项具体规范要求,协调宪法多种价值和规范之间的关系,有助于全面推进依法治国。

因此,本法对于人格权的规定,将宪法规定的人格尊严在民事领域予以具体化,围绕民事主体所享有的生命权、身体权、健康权、姓名权、名称权、肖像权、名誉权、荣誉权、隐私权和个人信息等人格权益,以及所产生的民事法律关系作出规定,可以更好地体现宪法精神,这对确保公民的人格尊严不受侵犯,体现我国在人格权保护领域所取得的进步具有十分重要的意义,有助于宪法和民法之间交互影响和双向互动关系的良性发展。但是,本编对人格权的规定并不包含宪法所规定的公民的所有基本权利,而主要是公民所享有的关于人格的民事权利,是从民事法律规范的角度规定自然人和其他民事主体人格权的内容、边界和保护方式,不涉及公民政治、社会等方面的基本权利。

第九百九十条　人格权是民事主体享有的生命权、身体权、健康权、姓名权、名称权、肖像权、名誉权、荣誉权、隐私权等权利。

除前款规定的人格权外,自然人享有基于人身自由、人格尊严产生的其他人格权益。

【释义】　本条是关于人格权类型的规定。

(一)人格权具体类型的列举

本条第1款列举了民事主体所享有的人格权的具体类型,是本法第110条规定的具体总结。民事主体所享有的人格权的具体法定类型主要包括:

(1)生命权:指自然人享有的以生命安全和生命尊严为内容的权利。

(2)身体权:指自然人享有的以身体完整和行动自由为内容的权利。

(3)健康权:指自然人享有的以身心健康为内容的权利。

(4)姓名权:指自然人享有的依法决定、使用、变更或者许可他人使用自己姓名的权利。

（5）名称权：指法人和非法人组织享有的依法使用、变更、转让或者许可他人使用自己名称的权利。

（6）肖像权：指自然人享有的依法制作、使用、公开或者许可他人使用自己肖像的权利。

（7）名誉权：指自然人、法人和非法人组织就其品德、声望、才能、信用等所获得的社会评价，所享有的保有和维护的权利。

（8）荣誉权：指自然人、法人和非法人组织对其获得的荣誉及其利益所享有的保持、自主决定的权利。

（9）隐私权：指自然人享有的私人生活安宁与不愿为他人知晓的私密空间、私密活动、私密信息等依法受到保护，不受他人刺探、侵扰、泄露和公开的权利。

关于人格权的主体，自然人当然享有人格权，关于法人和非法人组织是否享有人格权，理论中存在不同观点。有的认为，法人和非法人组织并非自然人，不具有理性和感知能力，不具有人身自由、人格尊严的伦理价值，不应当享有人格权，其所享有的人格权实际上是财产权。有的认为，法人和非法人组织享有的名称、名誉或者荣誉也具有被他人侵犯的可能性，法人和非法人组织的人格权具有现实的需要。经研究，法人、非法人组织所享有的名称、名誉和荣誉具有保护的现实必要性，民法通则也规定了其享有名称权、名誉权和荣誉权，本法第 110 条第 2 款作出了同样的规定。但是，应当注意的是，法人和非法人组织不能享有生命权、身体权、健康权等专属于自然人的权利；对自然人的人格权保护具有充分的伦理价值，而法人和非法人组织享有一定范围的人格权，更多是基于现实的法律技术的需要，更多涉及财产利益，或者间接地保护组织背后的自然人。人格权最为重要的目的是维护自然人的人身自由和人格尊严,是以自然人的人格权为规范的重心。

关于所列举的人格权的具体类型,本法第110条第1款还规定了自然人享有婚姻自主权。婚姻自主权是指自然人享有的结婚、离婚自由不受他人干涉的权利。该权利属于自然人人格权的一种,但对其的确认和保护主要体现在本法婚姻家庭编中,如本法婚姻家庭编第1042条第1款规定:"禁止包办、买卖婚姻和其他干涉婚姻自由的行为。禁止借婚姻索取财物。"因此,本条未具体列举自然人享有的婚姻自主权,可以包含在第1款规定的"等"中。

在立法过程中,有的意见提出,信用是对民事主体经济能力的社会评价,信用权是市场经济下的一项重要权利,应该将信用权作为一种独立的人格权加以规定。有的意见认为,侵犯信用仅是侵犯名誉的一种情形。从理论上讲,信用是对民事主体经济能力的社会评价,名誉是对民事主体的品德、声望、才能以及其他素质的社会综合评价,其已经包含了信用的内容,且损毁他人名誉与损毁他人信用的民事责任也相同,没有必要将信用从名誉中分离出来单独规定。从实践情况来看,目前司法实践通过对名誉权的保护对信用进行保护,可以满足现实需要。基于此,本条没有明确规定信用权,而是将其置于名誉权中予以保护。

还有的意见认为,环境是公民作为生物个体生存的基本物质条件和空间场所,是人类生存的必要条件,应该规定环境权作为独立的人格权,即民事主体享有通风、采光、清洁空气、清洁水等环境权益。有的意见认为,环境权是一种复合型的权利,其内容大致包括三个方面,即公众的环境知情权、环境决策参与权以及公众诉权。公众的环境知情权是公众实施其他环境权的基础和前提，只有公众获得了有关环境方面的信息资料，才有可能积极有效地行使环境决策参与权。公众诉讼与一般的侵权诉讼不同。一般的环境侵权诉讼是自然人、法人或者非法人组织自身的利益受到他人侵害而提起的诉讼，而公众诉讼在性质上属于公益诉讼。公益诉讼的目的往往不是直接保护某个自然人的个体利益，而是防止侵权人对不特定多数人的利益造成损害，或者督促政府积极履行某些保护公共利益的法定职责。环境权的公益性是其显著的特征，而民事主体行使民事权利的主要目的是保护自身的利益。环境权是环境法确认和保护的社会权，而非由民法确认和保护的私权。从境外的立法看，不少国家和地区并不在民法典中规定环境权，而是在宪法或者专门的环境法中规定这种权利。例如，《俄罗斯联邦宪法》第 42 条规定，每个人都有享受良好的环境和获得关于环境状况的信息的权利。美国一些州宪法中对环境权作了具体的规定，包括清洁空气权、清洁水权、免受过度噪音干扰权等。对因污染环境造成公民个人人身、财产权益损害的，各国一般是通过规定环境侵权的民事责任来实现的。例如，美国以环境专门立法的形式确立严厉的行政控制制度以及环境侵权民事责任。德国、日本陆续出台了多部环境保护法律，并规定因环境侵权需承担的民事责任。从我国目前的立法看，多部法律中已对环境侵权问题作了规定。因污染环境、破坏生态，造成民事主体人身财产权益损害的，或者造成生态环境损害的，民事主体、国家规定的机关或者法律规定的组织可以依据本法侵权责任编主张权利，本法侵权责任编第 7 章专章规定了环境污染和生态破坏责任。此外，环境保护法、大气污染防治法、水污染防治法等法律对此也作了规定。目前理论界和实务界对环境权是否属于人格权甚至民事权利存在很大争议。本条最终没有明确规定环境权。

(二)人格权益的一般条款

本条第1款仅是对民事主体所享有的人格权利的具体类型进行了列举,而并未对人格权作出概括式的定义。理论中,对人格权的概括式定义存在多种观点。就人格权的客体而言,有的认为是权利人自身,有的认为是伦理价值,有的认为是特定的人格要素,有的认为是特定的人格利益。就人格权的权利性质而言,有的认为是支配权;有的认为,对特定人格利益支配将导致人作为主体的客体化,不符合伦理,因此并非支配权,但是属于绝对权,具有排除他人干涉的内容;有的认为,人格权并非支配权或者绝对权,而是一种受尊重权、自主决定权。就人格权与财产权的关系而言,有的认为人格权是非财产性的权利,有的认为人格权也具有一定的财产利益,与财产权具有相互转化的可能性。经研究,不同的观点都指出了人格权的一个侧面,但都难免挂一漏万;同时,对人格权下定义是法学但并非立法的任务。因此,本条第1款未对人格权采取概括定义的方式,而仅仅是对人格权的具体类型进行了不全面的列举。

对于人格权类型的具体列举,通过法律明确人格权的类型、保护对象、内容等,有助于法律适用的统一和便利。但是,随着社会的发展,自然人的人格权保护需求必然会更为多元化,立法难以穷尽,不断会有新的人格权益纳入法律的保护范围,具体的列举必然会导致人格权保护的漏洞,即使不断根据实践需求,将值得法律保护的新人格权益通过扩张纳入已经明确列举的人格权类型和内容中,仍然可能会不敷其用。

从比较法角度观察,在德国法中,其侵权法构造采取三个小的一般条款,对人格权的保护明显不足;又由于采纳宪法基本权利的间接效力理论,导致宪法基本权利规范无法通过《德国民法典》第 823 条第 2 款之规定进入私法中,同时,基本权利又无法直接作为第 823 条第 1 款所规定的“其他权利”而得到保护。在此情形之下,新型人格权益的保护就只能通过以下方式实现:将刑法等具体部门法的人格保护规定作为第 823 条第 2 款意义上的保护性规范,违反则导致侵权责任的承担;或者利用第 826 条故意违反善意风俗侵权的侵权类型规定实现保护。但这两种方式显然过于狭窄,导致对人格权益保护的不足。因此,为了实现对人格权益的充分保护,德国法就只能通过基本权利的价值预设,创设民法上的“一般人格权”,将“一般人格权”作为第 823 条第 1 款意义上的“其他权利”,从而实现对人格权益的保护,同时将宪法上的“一般人格权”与民法上的“一般人格权”区别开来,从而构成不违反基本权利间接效力理论前提下的司法适用方法。在法国法中,其侵权法的条款是一般概括式的,侵权法的保护对象较为宽泛,能够为各种新型利益的保护提供有效的法律框架,因此没有必要通过一般人格权的概念对新型的人格权益予以保护,但仍然在司法实践中不断地通过侵权法扩张对人格权益的保护,认为《法国民法典》第 1382 条包括了广泛的对各种法律上应受保护的利益的侵害。日本法通过扩张解释《日本民法典》第 709 条中的“权利的侵害”要件也达到同样的效果。美国法则通过隐私权的广泛范围不断扩张人格权益的保护范围。因此,尽管不同规范前提下采取的法律技术不同,但不断扩张人格权益的保护范围这一点是比较法的共识和趋势。

本法第 3 条规定,民事主体的人身权利、财产权利以及其他合法权益受法律保护，任何组织或者个人不得侵犯。第126条规定，民事主体享有法律规定的其他民事权利和利益。这些规定的目的都是避免法律保护可能出现的漏洞。据此，本条第2款规定，除前款规定的人格权外，自然人享有基于人身自由、人格尊严产生的其他人格权益。这能够回应社会发展所产生的新型人格权益保护需求，避免具体列举人格权所产生的封闭性，有助于人格权益保护的体系更为完全，保护的范围也更为周延，适应社会的不断发展，发挥对人格权益进行兜底性保护的功能，保持人格权制度发展的开放性。

本条第2款适用的前提是，首先，被侵犯的人格权益没有法律的明确规定，并且无法纳入具体列举的人格权的保护范围。该款规定是为了弥补法律规定和人格权的具体列举所出现的不足。因此，当法律对此有明确规定时，应当首先适用法律的明确规定；虽然法律没有明确规定，但可以适用具体列举的人格权予以保护时，则应当适用具体的规定。这样，才能避免法律适用的不安定和不统一。只有在法律没有明确规定，并且无法纳入具体列举的人格权的保护范围时，才应当适用本款规定。例如，关于个人信息的保护，虽然本法并未明确将之作为一种权利，但本法第111条以及第1034条以下条文对个人信息保护作出了明确规定，此时应当首先适用这些明确的规定。本法第1023条第2款也规定，对自然人声音的保护，参照适用肖像权保护的有关规定。

其次，被侵犯的人格权益是基于人身自由、人格尊严产生的，因此是需要法律保护的。人身自由，包括身体行动的自由和自主决定的自由，是自然人自主参加社会各项活动、参与各种社会关系、行使其他人身权和财产权的基本保障，是自然人行使其他一切权利的前提和基础。人格尊严,包括静态和消极的人格尊严,以及动态和积极的人格尊严,也即人格形成和人格发展。人格尊严不受侵犯,是自然人作为人的基本条件之一,也是社会文明进步的一个基本标志。由于人身自由和人格尊严的含义非常广泛,所以也能够包含通常所说的人格独立和人格平等。所有的人格权都以人身自由和人格尊严为价值基础,是这两种价值的具体表现,以维护和实现人身自由和人格尊严为目的。人身自由和人格尊严是人格权获得法律保护的价值依据,也是认定新型人格权益的根本标准。人格权益是不断发展、变化的,随着社会的发展、科技的进步,必然会出现一些新的人格利益,这些利益能否得到人格权法的保护,缺乏必要的法律标准。而有了人身自由和人格尊严这一价值指引,新的人格权益就能得到识别和保护。可以说,人身自由和人格尊严是认定值得法律保护的新型人格权益的法律标准,正是通过它们的补充作用,人格权益具有了功能弹性,能包容新型的人格权益。因此,对于人格权益而言,人身自由和人格尊严具有权利创设、价值指引和兜底保护等多重功能。

当然,人身自由和人格尊严必须与其他价值相协调,因此本条第 2 款是框架性的、有待价值填充的、不确定的一般条款。被侵犯的人格权益在个案中是否值得保护,必须在个案中顾及所有情况,并通过以比例原则为导引的利益权衡予以确定。在此,本法第 998 条可以提供一般性的指引,即认定行为人承担侵害除生命权、身体权和健康权外的人格权的民事责任,应当考虑行为人和受害人的职业、影响范围、过错程度,以及行为的目的、方式、后果等因素。

最后,只有自然人的人格权益才能通过本条第 2 款予以保护，法人和非法人组织不能适用本款。该款适用的价值基础是人身自由和人格尊严，而对于法人和非法人组织而言，其无法基于宪法而享有人身自由、人格尊严。自然人的人格权益具有广阔的发展可能性，但法人和非法人组织的人格权益不具有无限发展的可能性，其不需要人格权益保护的开放性。同时，法人和非法人组织更多地涉及市场活动，如果其人格权益过分开放，由于具有不确定性，因此可能会是一种潜在的对市场竞争和自由的限制，对他们所谓的人格权益的侵害也首先可以通过反不正当竞争法、侵害财产权益的侵权责任等法律途径予以保护，不需要用与自然人同样的方式解决。综上，法人和非法人组织享有个别人格权，在这些个别的具体制度上与自然人进行类比具有法律技术上的妥当性；但是，本款作为人格权益的一般性条款是不确定条款，只能通过价值权衡的方式予以界定，法人和非法人组织的价值基础和自然人的价值基础具有本质的区别，法人和非法人组织适用本款，在价值上和法律技术上都是不妥当的。

应当注意的是，由于本条第 1 款列举了人格权的具体类型，而第 2 款规定了人格权益的一般条款，所以，本法人格权编第 1 章关于人格权的一般规定中，所出现的“人格权”这个语词，一般就包括了法律所明确列举的人格权，也包括了自然人所享有的除明确列举的人格权之外的，基于人身自由、人格尊严产生的其他人格权益。

第九百九十一条　民事主体的人格权受法律保护，任何组织或者个人不得侵害。

【释义】 本条是关于人格权受法律保护的规定。

民事权利及其他合法权益受法律保护是民法的基本精神,是民事立法的出发点和落脚点。本法第3条规定,民事主体的人身权利、财产权利以及其他合法权益受法律保护,任何组织或者个人不得侵犯。人格权作为民事权利及其他合法权益的一种,自然也是如此,因此,民事主体的人格权受法律保护。

人格权受法律保护,就要求任何组织或者个人不得侵犯。不得侵犯就是任何组织或者个人不得非法侵害、限制、剥夺他人的人格权,也不得干涉他人合法行使人格权,否则就要依据本法承担民事责任。民事主体按照自己的意愿依法保护和行使人格权,不受干涉。当然,这并非意味着民事主体的人格权可以毫无限制,是绝对自由的。当然,对人格权的限制,或者是基于法律的明确规定,或者是基于其他价值而在合理范围内予以限制,不得随意为之。例如,本法第130~132条对民事权利的行使进行了一般性规定,据此,民事主体保护和行使人格权时,应当履行法律规定的和当事人约定的义务,并且不得滥用而损害国家利益、社会公共利益或者他人合法权益。

第九百九十二条　人格权不得放弃、转让或者继承。

【释义】 本条是关于人格权不得放弃、转让或者继承的规定。

人格权只能为特定的权利人所享有,与权利主体不可分离。人格权,尤其是自然人所享有的人格权,是与生俱来的,因出生而当然发生,仅因死亡而当然消灭,因此是一种固有权利。

人格权具有人身专属性,是人格权与财产权的重要区别,财产权通常具有非人身专属性,可以与权利主体发生分离。

首先,人格权不得放弃。作为专属于权利人享有的权利,人格权始终由权利主体享有,禁止权利主体随意加以放弃。如果人格权被一般性地、概括地放弃,人格必然受到缺损。对某项人格权的一般性放弃,如生命权,意味着他人可以任意剥夺其生命,这也是违背公序良俗的。

其次,人格权不得转让。人格权作为整体必须由权利人享有,而不能转让给他人。加拿大《魁北克民法典》第 3 条就规定人格权不得转让。人格权不得转让,需要与许可他人使用姓名、名称、肖像等相区分。本法第 993 条规定,民事主体可以将自己的姓名、名称、肖像等许可他人使用,但是依照法律规定或者根据其性质不得许可的除外。许可他人使用自己的姓名、名称、肖像等,人格权仍然属于权利主体,被许可使用的也仅仅是自己的姓名、名称和肖像等特定的人格要素或者人格标识,而非人格权的整体转让。

最后,人格权不得继承。本法第 1122 条规定:"遗产是自然人死亡时遗留的个人合法财产。依照法律规定或者根据其性质不得继承的遗产,不得继承。"据此,能够被继承的只能是个人的合法财产,而不能是人格权。本法第 994 条同时规定,死者的姓名、肖像、名誉、荣誉、隐私、遗体等受到侵害的,其配偶、子女、父母有权依法请求行为人承担民事责任;死者没有配偶、子女且父母已经死亡的,其他近亲属有权依法请求行为人承担民事责任。这仅仅是死者的近亲属有权保护死者的姓名、肖像、名誉、荣誉、隐私、遗体等不被他人侵害,而并非人格权的继承。

第九百九十三条　民事主体可以将自己的姓名、名称、肖像等许可他人使用,但是依照法律规定或者根据其性质不得许可的除外。

【释义】 本条是关于姓名、名称、肖像等许可使用的规定。

人格权本质上是非财产权,但是,随着经济社会的发展、科技进步以及大众传媒、广告行业的发达,一些人格权已经不再只是消极防御性的权利,对民事主体的姓名、名称和肖像等的许可使用已经成为现实和可能,实践中也有大量需求。例如,肖像权人允许公司使用其肖像作广告,姓名权人允许公司把自己的姓名作为公司名称。此种许可使用的现象日益增多,产生的纠纷也越来越多。随着人格权制度的发展,对于此种社会现实,存在不同的观点。有的认为,人格权仅仅是对精神利益的保护,不应当承认其中内含的财产利益,否则会使财产权和人格权无法区分。有的认为,人格权中财产利益的承认回应了社会的发展,且能够更好地对人格权予以保护。从比较法中观察,德国司法实践通过承认一般人格权中包含精神利益和财产利益,对此种财产利益予以保护,也有学者认为存在独立的经济人格权。美国法中,隐私权旨在保护精神利益,为保护此种财产利益,司法判例承认公开权,即他人对姓名、肖像等所具有的商事价值的拥有权、保护权和获得利益权,通说观点认为是一种财产权利。

经认真研究,本条对姓名、名称、肖像等的许可使用作出了明确规定,理由如下:第一,有利于回应社会发展需要。传统社会中,社会形态比较简单,人格权更为注重保护;随着社会的发展,姓名、名称、肖像、声音等的许可使用问题凸显出来,各种许可使用的现象层出,法律应当对此予以回应。第二,有利于对人格尊严的保护。精神利益和财产利益并非不可协调,两者无法分开而紧密联系在一起,保护和许可使用也并非截然对立的两个层面。人格尊严也包括对特定的人格标识等通过自己的意志自主许可他人使用,他人不得未经权利人许可而使用,这本身就是保护人格尊严的重要方式。承认此种财产利益,对此进行保护本身是对人格尊严的尊重,使对人格权的保护不仅仅限于消极的防御,这是对发展人格的努力和劳动的尊重,有利于遏制侵害他人人格权益的行为,体现权利人的自决,从而更好地保护人格尊严。第三,有利于对许可使用进行规制,更有利于维护人格尊严。本条基于人格尊严保护的要求,规定了不得许可他人使用的情形,这为许可使用设置了界限,更有利于推进对人格尊严的保护,避免因许可使用而损害人格尊严。在许可使用中,涉及人格利益和财产利益的冲突,尤其在许可使用合同的解释、解除等问题上,合同编的既有体系无法容纳这些规定,人格权编对此作出特殊规定,更有利于在人格利益和财产利益的冲突中,注重对于人格利益的保护,同时注意与财产利益的平衡。因此,能够更好地实现保护人格尊严的宪法要求。第四,体现了比较法上的共识。尽管德国法和美国法的规范技术和形式不同,但共识是承认并保护此种财产利益,其中也同样要协调人格利益和财产利益的平衡,目前的规定体现了这种共同的价值基础。第五,是对我国司法实践的总结。我国关于许可使用的司法案例非常多,目前的规定总结了司法案例中提出的观点,有助于司法适用的统一。

在本条的适用中,首先要注意的是,许可他人使用,是许可他人在商品、商标或者服务等上面使用,因此,不包括他人正当使用别人的姓名等情形,姓名本身就是让他人使用的,否则无法发挥区别于他人的功能。同时,许可他人不仅仅限于以营利为目的的使用,如以著名高校的名义举办商业性的培训班,也包括非以营利为目的的使用,例如未经权利人同意而在教学楼上使用权利人的姓名等。是否以营利为目的,更多的是在赔偿损失的数额中予以考量;不仅限于重复性地使用,还包括一次性使用等多种使用方式。

其次要注意的是,许可使用也是民事法律行为的一种,应当适用本法有关民事法律行为的一般性规定。此种许可使用不得违反法律和违背公序良俗,否则根据本法第 153 条的规定,许可使用的民事法律行为无效。例如,权利人不能许可他人将其肖像制成色情图片或者视频予以销售。

最后要注意的是,依照法律规定或者根据其性质不得许可使用的限制。本条基于人格尊严保护的要求,规定了对许可使用的限制,这为许可使用设置了界限,更有利于推进对人格尊严的保护,避免因许可使用而损害人格尊严。这些限制主要如下:(1)依照法律规定不得许可使用。例如,《人类辅助生殖技术管理办法》第 3 条第 3 句规定了医疗机构和医务人员不得实施任何形式的代孕技术。因此,代孕所涉及的人体器官的许可使用就是不允许的。(2)根据其性质不得许可使用。这主要指的是人格尊严以及公序良俗的限制。许可使用的目的是更好地保护人格尊严,但是如果许可使用损及了人的存在,就背离了上述目的,不应当被允许,这主要指的是生命权、身体权和健康权等物质性的人格权,同时也包括名誉权等纯粹精神性的人格权。《法国民法典》第 16-1 条第 3 款就规定,人体、人体之组成部分及其所生之物,不得作为财产权利的标的。

应当注意的是,姓名、名称、肖像等的许可使用,涉及本法的多个规定。本法第1021条规定,当事人对肖像许可使用合同中关于肖像使用条款的理解有争议的,应当作出有利于肖像权人的解释。第1022条规定,当事人对肖像许可使用期限没有约定或者约定不明确的,任何一方当事人可以随时解除肖像许可使用合同,但是应当在合理期限之前通知对方。当事人对肖像许可使用期限有明确约定,肖像权人有正当理由的,可以解除肖像许可使用合同,但是应当在合理期限之前通知对方。因解除合同造成对方损失的,除不可归责于肖像权人的事由外,应当赔偿损失。未经权利人许可同意而使用他人姓名、名称、肖像,构成侵权的,本法第1182条规定,侵害他人人身权益造成财产损失的,按照被侵权人因此受到的损失或者侵权人因此获得的利益赔偿;被侵权人因此受到的损失以及侵权人因此获得的利益难以确定,被侵权人和侵权人就赔偿数额协商不一致,向人民法院提起诉讼的,由人民法院根据实际情况确定赔偿数额。

不仅如此,姓名、名称、肖像等的许可使用还可能涉及其他法律中的规定。例如,姓名、名称和肖像等作为商标或者商标的组成部分加以使用时,受到商标法的保护,未经许可同意而使用的,按照商标法第32条和第45条,构成了申请商标注册损害他人现有的在先权利的情形,在先权利人可以依法请求商标评审委员会宣告该注册商标无效。反不正当竞争法第6条也规定,经营者不得实施下列混淆行为,引人误认为是他人商品或者与他人存在特定联系:(1)擅自使用与他人有一定影响的商品名称、包装、装潢等相同或者近似的标识;(2)擅自使用他人有一定影响的企业名称(包括简称、字号等)、社会组织名称（包括简称等）、姓名（包括笔名、艺名、译名等）；（3）擅自使用他人有一定影响的域名主体部分、网站名称、网页等；（4）其他足以引人误认为是他人商品或者与他人存在特定联系的混淆行为。第17条第3款和第4款规定，因不正当竞争行为受到损害的经营者的赔偿数额，按照其因被侵权所受到的实际损失确定；实际损失难以计算的，按照侵权人因侵权所获得的利益确定。经营者恶意实施侵犯商业秘密行为，情节严重的，可以在按照上述方法确定数额的1倍以上5倍以下确定赔偿数额。赔偿数额还应当包括经营者为制止侵权行为所支付的合理开支。经营者违反反不正当竞争法第6条、第9条规定，权利人因被侵权所受到的实际损失、侵权人因侵权所获得的利益难以确定的，由人民法院根据侵权行为的情节判决给予权利人500万元以下的赔偿。

第九百九十四条　死者的姓名、肖像、名誉、荣誉、隐私、遗体等受到侵害的，其配偶、子女、父母有权依法请求行为人承担民事责任；死者没有配偶、子女且父母已经死亡的，其他近亲属有权依法请求行为人承担民事责任。

【释义】　本条是关于死者人格利益保护的规定。

本法第13条规定，自然人从出生时起到死亡时止，具有民事权利能力，依法享有民事权利，承担民事义务。据此，自然人在死亡后就不再具有民事权利能力，自然也就不再享有人格权。但是，在现实生活中，侵犯死者人格利益的现象屡见不鲜，例如故意冒用已故画家的姓名作画销售，擅自使用已故名人的姓名制作商标或者作为法人的名称组成部分，纪实性作品中披露死者的隐私，故意诋毁死者的名誉，非法利用和损害遗体，等等。司法实践中这类纠纷也层出不穷，对此人民法院有大量的案例，并公布了一系列司法解释，取得了良好的社会效果。虽然对死者人格利益保护的观点不同，包括死者权利保护、死者利益保护、近亲属权利保护、人格利益继承、家庭利益、延伸保护等诸多理论，这涉及究竟是直接保护死者，还是通过保护死者近亲属这些生者间接保护死者的争论，但对死者人格利益应当予以保护是存在共识的。据此，经认真研究，为回应社会现实，本条借鉴既有的司法经验，参酌比较法，对死者的人格利益保护进行了明确规定。

本条适用的前提是：第一，被侵害者已经死亡。如果被侵害者并未死亡，而是丧失民事行为能力的人，就不应适用本条，他们仍然具有民事权利能力，有权依法请求侵权人承担民事责任，不具有民事行为能力的，可以由监护人代理请求。第二，死者的姓名、肖像、名誉、荣誉、隐私、遗体等受到侵害。这包括但不限于以下情形：(1)未经许可而擅自使用死者的姓名、肖像等；(2)以侮辱、诽谤、贬损、丑化等方式，侵害死者的名誉、荣誉；(3)以非法披露、利用等方式侵害死者的隐私和个人信息；(4)以非法利用、损害等方式侵害死者的遗体等。

本条适用的法律后果是：第一，有权提出请求的主体是近亲属。本法第1045条第2款规定，配偶、父母、子女、兄弟姐妹、祖父母、外祖父母、孙子女、外孙子女为近亲属。如果对请求主体不加以限制，过于泛化，不利于社会关系的稳定。一般而言，近亲属与死者具有在共同生活中形成的感情、亲情或者特定的身份关系，最关心死者人格利益保护的问题，死者人格利益被侵害时受到的伤害最大、感到的痛苦最深，最需要慰藉和赔偿。因此，本条将请求主体限于近亲属。子女，包括婚生子女、非婚生子女、养子女和有扶养关系的继子女；父母，包括生父母、养父母和有扶养关系的继父母；兄弟姐妹，包括同父母的兄弟姐妹、同父异母或者同母异父的兄弟姐妹、养兄弟姐妹、有扶养关系的继兄弟姐妹。

第二，近亲属提出请求具有顺位限制。配偶、子女、父母是第一顺位，如果死者的配偶、子女或者父母存在的，则由配偶、子女和父母提出请求。在死者没有配偶、子女且父母已经死亡的情形中，其他近亲属有权提出请求。死者没有配偶、子女，包括死者从未有过配偶、子女的情形，也包括曾经有过配偶、子女，但因为离婚、配偶死亡或者子女死亡等原因而现在没有配偶、子女的情形。该请求顺位的规定与本法第 1127 条第 1 款所规定的法定继承顺位大致类似，区别仅在于本条所规定的第二请求顺位中还包括孙子女和外孙子女。

第三，近亲属依法请求行为人承担民事责任。首先，“依法”意味着该条并非完全规范，近亲属请求行为人承担民事责任要符合法律规定的责任构成要件和责任后果。例如，请求行为人赔偿财产损失的，一般要符合本法第 1165 条第 1 款的规定，即行为人因过错侵害他人民事权益造成损害的，应当承担侵权责任；赔偿数额，也应当适用本法 1182 条的规定，即侵害他人人身权益造成财产损失的，按照被侵权人因此受到的损失或者侵权人因此获得的利益赔偿；被侵权人因此受到的损失以及侵权人因此获得的利益难以确定，被侵权人和侵权人就赔偿数额协商不一致，向人民法院提起诉讼的，由人民法院根据实际情况确定赔偿数额。在行为人违约侵害死者人格利益的情形下，例如骨灰存放处违反约定将骨灰丢失，近亲属可以选择依据本法第577条的规定,即当事人一方不履行合同义务或者履行合同义务不符合约定的,应当承担继续履行、采取补救措施或者赔偿损失等违约责任,请求其承担违约责任。

其次,“民事责任”包括所有的民事责任。死者的姓名、肖像、名誉、荣誉、隐私、遗体等受到侵害的,请求人当然有权依法请求行为人承担停止侵害、排除妨碍、消除危险、恢复名誉、消除影响和赔礼道歉等民事责任;但是,如果请求人遭受到了财产损失或者精神损害,也有权依法请求行为人承担赔偿损失的责任。

应当注意的是,一些人格利益中可能包含有财产利益,我国司法实践中就发生过鲁迅等已故名人的姓名被他人使用的情形。此时,就涉及这些财产利益可否由其继承人继承的问题,对此存在争议。甚至,在一些情形中,一些名人在死亡之前,通过自己的意思对这些财产利益作出安排,委托近亲属之外的人保护这些财产利益。按照本法第934条的规定,委托人死亡的,委托合同终止;但是,当事人另有约定或者根据委托事务的性质不宜终止的除外。此时,在委托人死亡后,该委托合同不宜终止。因此,有观点认为,有必要赋予受托人许可他人使用的权利,但该权利的行使不得违背死者明示或可推知的意思,其只有在顾及死者意思的情形下,才能就死者人格中存在的财产价值许可他人使用;在他人擅自使用时,受托人相应地享有依法请求无权使用人赔偿损失的权利。死者也可能会在生前立遗嘱安排此种财产利益,此时有权许可使用的主体和请求主体也会与本条规定有所不同。并且,保护的期限究竟多长,也存在争议。有的观点认为,可以类推适用著作权法中对著作财产权的保护期限,即死者死亡后第50年的12月31日。

但需明确的是,在不存在受托人、遗嘱继承和遗赠等情形中,本条规定仍然可以适用,以保护这些财产利益,避免近亲属遭受财产损失,而保护的期限也可以认为是所有近亲属的生存年限,除非法律另有规定。即使保护期限经过,对死者的姓名、名称、肖像等的使用,也不得违法和违背公序良俗。

还需要指出的是,对特殊死者的人格利益保护,也会涉及本法和其他法律的一些特别规定。例如,对于英雄烈士的人格利益保护,包括了已经死亡的英雄烈士的人格利益保护。本法第 185 条规定,侵害英雄烈士等的姓名、肖像、名誉、荣誉,损害社会公共利益的,应当依法承担民事责任。立法过程中,有的建议对英雄烈士的人格利益保护问题作出明确规定。经研究认为,2018 年 4 月,第十三届全国人大常委会第二次会议通过了英雄烈士保护法,该法已对英雄烈士的姓名、肖像、名誉、荣誉的保护问题作了较为详细的规定,人格权编可不再作规定,避免重复。英雄烈士保护法第 22 条第 2 款规定,英雄烈士的姓名、肖像、名誉、荣誉受法律保护。任何组织和个人不得在公共场所、互联网或者利用广播电视、电影、出版物等,以侮辱、诽谤或者其他方式侵害英雄烈士的姓名、肖像、名誉、荣誉。任何组织和个人不得将英雄烈士的姓名、肖像用于或者变相用于商标、商业广告,损害英雄烈士的名誉、荣誉。第 25 条第 1 款、第 2 款规定,对侵害英雄烈士的姓名、肖像、名誉、荣誉的行为,英雄烈士的近亲属可以依法向人民法院提起诉讼。英雄烈士没有近亲属或者近亲属不提起诉讼的,检察机关依法对侵害英雄烈士的姓名、肖像、名誉、荣誉,损害社会公共利益的行为向人民法院提起诉讼。

对死者特定人格利益的保护,也同样会涉及其他法律。例如，刑法第302条规定，盗窃、侮辱、故意毁坏尸体、尸骨、骨灰的，处3年以下有期徒刑、拘役或者管制。此时，本法第187条规定，民事主体因同一行为应当承担民事责任、行政责任和刑事责任的，承担行政责任或者刑事责任不影响承担民事责任；民事主体的财产不足以支付的，优先用于承担民事责任。

第九百九十五条　人格权受到侵害的，受害人有权依照本法和其他法律的规定请求行为人承担民事责任。受害人的停止侵害、排除妨碍、消除危险、消除影响、恢复名誉、赔礼道歉请求权，不适用诉讼时效的规定。

【释义】　本条是关于人格权保护和损害赔偿请求权之外的其他请求权不适用诉讼时效的规定。

本条第1句规定，人格权受到侵害的，受害人有权依照本法和其他法律的规定请求行为人承担民事责任。但是，具体的责任构成要件和责任后果由本法和其他法律规定。本法所规定的违约责任、侵权责任等都涉及对人格权的保护，当人格权受到侵害时，受害人有权依照本法的这些规定请求行为人承担相应的民事责任。

本法对于不同性质的民事责任和不同的民事责任承担方式分别规定了不同的构成要件和责任后果。例如，行为人违反其与对方当事人之间的合同约定的合同义务，导致对方当事人人格权受到侵害的，本法第577条规定，当事人一方不履行合同义务或者履行合同义务不符合约定的，应当承担继续履行、采取补救措施或者赔偿损失等违约责任；此时，对方当事人有权依照该条规定请求违约方承担侵害人格权的民事责任。行为人因过错侵害他人人格权造成损害的，本法第 1165 条第 1 款规定，行为人因过错侵害他人民事权益造成损害的，应当承担侵权责任；此时，受害人就有权依照该款规定请求行为人承担侵权责任。再如，6 岁的儿童在学校期间遭受人身损害，受害人有权依照本法第 1199 条“无民事行为能力人在幼儿园、学校或者其他教育机构学习、生活期间受到人身损害的，幼儿园、学校或者其他教育机构应当承担侵权责任；但是，能够证明尽到教育、管理职责的，不承担侵权责任”的规定，请求学校承担侵权责任。因人格权受侵害，遭受人身损害的，赔偿数额应当依照本法第 1179 条“侵害他人造成人身损害的，应当赔偿医疗费、护理费、交通费、营养费、住院伙食补助费等为治疗和康复支出的合理费用，以及因误工减少的收入。造成残疾的，还应当赔偿辅助器具费和残疾赔偿金；造成死亡的，还应当赔偿丧葬费和死亡赔偿金”的规定进行确定。因人格权受侵害，遭受财产损失的，赔偿数额应当依照本法第 1182 条“侵害他人人身权益造成财产损失的，按照被侵权人因此受到的损失或者侵权人因此获得的利益赔偿；被侵权人因此受到的损失以及侵权人因此获得的利益难以确定，被侵权人和侵权人就赔偿数额协商不一致，向人民法院提起诉讼的，由人民法院根据实际情况确定赔偿数额”的规定进行确定。受害人请求精神损害赔偿的，应当依照本法第 1183 条第 1 款“侵害自然人人身权益造成严重精神损害的，被侵权人有权请求精神损害赔偿”的规定。本法侵权责任编还有些规定涉及惩罚性赔偿。同时，本法第 1167 条规定，侵权行为危及他人人身、财产安全的，被侵权人有权请求侵权人承担停止侵害、排除妨碍、消除危险等侵权责任。因此，人格权受到侵害的，受害人也有权依照该条规定请求行为人承担停止侵害、排除妨碍、消除危险等侵权责任。

其他法律也对侵犯人格权的具体责任构成要件和责任后果作出了明确规定。例如,道路交通安全法、铁路法、民用航空法对交通事故责任作了规定;产品质量法、药品管理法、消费者权益保护法对产品责任作了规定;环境保护法、水污染防治法、大气污染防治法、固体废物污染环境防治法、海洋环境保护法、环境噪声污染防治法、放射性污染防治法对环境污染责任作了规定;安全生产法、建筑法、电力法、煤炭法等对生产事故责任作了规定;食品安全法、传染病防治法、献血法对食品安全和传染病传播责任作了规定。消费者权益保护法、食品安全法还规定了惩罚性赔偿。这些都可能涉及侵害人格权的具体责任构成和责任后果。本法第11条规定,其他法律对民事关系有特别规定的,依照其规定。这些都明确强调特别法优先的法律适用规则。因此,在其他法律对侵害人格权的责任构成和责任后果有特别规定的情况下,受害人有权依照这些特别规定请求行为人承担民事责任。

应当注意的是,人格权编主要规定了人格权的类型、权利内容、权利边界、与其他价值之间的协调、行为人的义务和特殊保护方式等规则,这些规则有助于确定合同义务的范围,进而确定违约责任的前提,有助于明确侵权责任中所侵犯权利的具体类型、具体内容以及行为人违反的具体义务。因此,本编中有一些规定应当和本法的其他规定、其他法律中的规定结合适用。这种结合适用是司法适用的常态,不仅在人格权受侵害的情形中是如此,在物权等其他权益受侵害的情形中也是如此。例如,在侵害物权的情形中,也可能要将物权编的规定和侵权责任编的规定结合予以适用;在房屋买卖合同中,因出卖人不移转房屋所有权,出卖人的违约也要结合物权编和合同编的规定予以适用。

侵害人格权的民事责任具体承担方式,按照本法第 179 条第 1 款的规定,包括了多种,最主要的是恢复原状、赔偿损失和支付违约金等。为了进一步加强对人格权的保护,侵害人格权的民事责任承担方式还包括了停止侵害、排除妨碍、消除危险等防御性的责任方式。例如,禁止侵害他人名誉权的文章刊载,销毁有关的侵权照片或者书籍。理论上,就其与侵权责任的关系而言,有的认为是侵权责任的具体方式,有的将之称为不同于侵权责任请求权的绝对权请求权。无论是认为这些防御性的请求权是独立的请求权,还是侵权责任请求权的一种,共识为,这些防御性的请求权与侵权损害赔偿请求权不同,在目的上存在差别,在构成上不要求过错和损害。据此,本法第 1167 条规定,侵权行为危及他人人身、财产安全的,被侵权人有权请求侵权人承担停止侵害、排除妨碍、消除危险等侵权责任。除此之外,基于人格权保护的特点,侵害人格权还可能要承担消除影响、恢复名誉、赔礼道歉等民事责任。例如,名誉权受到侵犯的,最直接的损害后果首先是名誉受到毁损,社会评价降低,对受害人最直接的补救方式是恢复名誉。只有采取恢复名誉的方式才能消除这种损害发生的根源,才能对受害人给予最直接、最有效的补救。恢复名誉的方式不是损害赔偿能够代替的。赔礼道歉在一些情况下也是十分有效的补救方式,在有些案件中,受害人并不需要得到多少赔偿,他只需要加害人赔礼道歉,这可能在某种程度上只是满足人格尊严的需要,也可能只是一种心理安慰,但无论如何,它是在侵害名誉权、隐私权等人格权时的一种很好补救方式。这些民事责任承担方式,依据本法第179条第3款的规定,可以单独适用,也可以合并适用。

根据本条第2句的规定,受害人因人格权受侵害而提出的停止侵害、排除妨碍、消除危险、消除影响、恢复名誉、赔礼道歉请求权,不适用诉讼时效的规定。本法总则编第9章规定了诉讼时效,在侵害人格权的情形中,损害赔偿请求权应当适用诉讼时效。依据本法第188条第2款规定,诉讼时效期间自权利人知道或者应当知道权利受到损害以及义务人之日起计算;此处的"权利受到损害"即隐含着适用诉讼时效规定的是因此而产生的损害赔偿请求权。即使未成年人遭受性侵害,依据本法第191条的规定,所产生的损害赔偿请求权也适用诉讼时效的规定,仅仅是诉讼时效期间自受害人年满18周岁之日起计算。

但是,本法第196条第1项规定了请求停止侵害、排除妨碍、消除危险不适用诉讼时效的规定。侵害人格权、物权等权益所产生的这三类请求权,其构成都要求现实存在对权益的妨害和危险,行为或状态处于现实持续之中,对这种现实存在的妨害和危险无须考虑之前的事实状况,且在侵害人格权的情形中,这三类请求权对于维持人格完整性至关重要,故第995条据此进一步明确规定,因人格权受侵害而提出的停止侵害、排除妨碍、消除危险请求权,不适用诉讼时效的规定。关于消除影响、恢复名誉、赔礼道歉请求权,很多意见认为不适用诉讼时效的规定,但也有意见认为应当适用诉讼时效的规定。经认真研究,吸收了多数人的意见,规定消除影响、恢复名誉、赔礼道歉请求权,也不适用诉讼时效的规定。对很长时间之前发生的侵害人格权行为,如受害人认为对自身仍然有影响,有消除影响和恢复名誉的必要,可以不受诉讼时效期间的限制提出消除影响、恢复名誉、赔礼道歉请求权,以加强对人格权的保护。

第九百九十六条　因当事人一方的违约行为，损害对方人格权并造成严重精神损害，受损害方选择请求其承担违约责任的，不影响受损害方请求精神损害赔偿。

【释义】　本条是关于损害人格权责任竞合情形下精神损害赔偿的规定。

精神损害赔偿是受害人因人格利益或身份利益受到损害或者遭受精神痛苦而获得的金钱赔偿。侵害人格权的情形中，经常会产生违约责任和侵权责任的竞合，受害人因此遭受到严重的精神损害。例如，甲去火锅店吃火锅，但由于火锅店的原因发生爆炸，导致甲容貌受损严重，甲因此遭受了严重的精神损害。此时，火锅店的行为，既是侵犯甲的健康权的侵权行为，也是违反了其与甲之间合同的违约行为，发生了侵权责任和违约责任的竞合。再如，在旅游合同中，旅客遭受了身体伤害，造成了严重的精神损害，此时仍然发生了违约责任和侵权责任的竞合。

合同义务中也包括了对当事人的人格权这种固有利益予以保护的义务，不履行此种合同义务，就应当承担此违约责任，但也可能同时要承担侵权责任。依据本法第 186 条，因当事人一方的违约行为，损害对方人身权益、财产权益的，受损害方有权选择请求其承担违约责任或者侵权责任。侵权责任与违约责任在构成要件、举证责任、法律后果等方面存在差别，在目前的实践中，一般认为违约赔偿损失的责任不包括精神损害赔偿。因此，对于精神损害，如果受损害方选择请求违约方承担违约责任，其无法请求精神损害赔偿；相反，如果受损害方选择请求违约方承担侵权责任，虽然可以请求精神损害赔偿，但受害人必须放弃主张违约责任的种种实益,例如违约金、定金条款的主张以及举证责任的便利等,不利于保护人格权受害人的利益。但是,损害赔偿的基本宗旨在于填补当事人遭受的损害,其中也包括精神损害,毕竟是同一行为导致了精神损害,受损害方不同的选择不应导致结果上的不同,并且这会导致受损害方必须在对其都有所不利的请求权中选择,难以获得周全的救济,不利于受损害方的人格权保护。

基于此,比较法上多予以改变。《德国民法典》2002年债法改革后的第253条第2款规定,因侵害身体、健康、自由和性的自我决定而须赔偿损害的,也可以因非财产损害而请求公平的金钱赔偿;同时删除了原规定于侵权行为中的关于精神损害赔偿的第847条。据此,在责任竞合的前提下,对于精神损害赔偿,既可以在合同之诉中主张,也可以在侵权之诉中主张。《瑞士债务法》第99条第3款规定,在其他方面,对违约行为,准用关于侵权行为责任范围的规定。据此,责任竞合中,对精神损害赔偿也同样可以在违约中主张。我国台湾地区"民法"在1999年增订了第227条之一,明确规定债务人因债务不履行,致债权人人格权受损害者,准用第193~195条及第197条之规定,负损害赔偿责任,而第195条规定了精神损害赔偿。因此,在债务人违约造成债权人人格权受损害的情况下,应当认为债权人可以请求精神损害赔偿。《国际商事合同通则》第7.4.2条、《欧洲合同法原则》第9.501条、《欧洲合同法典》第164条、《欧洲私法共同参考框架》第3-3:701条都允许了在责任竞合时,在违约责任中予以精神损害的赔偿。

经认真研究,反复斟酌,在违约责任与侵权责任存在竞合的情形中,允许受损害方请求行为人承担违约责任时,可以在违约责任请求中请求精神损害赔偿,有利于为受害人提供不同救济渠道的选择,拓展在此类情形下精神损害的救济方法,符合加强人格权保护的比较法发展趋势,是一个重要的进步。

本条适用的前提:首先,损害人格权的违约责任和侵权责任的竞合。这要求当事人一方的违约行为同时构成了损害对方人格权的侵权行为。如果当事人一方的违约行为造成了精神损害,但违约行为本身并不符合侵权行为的相关要件,无须承担侵权责任,此类情形就不涉及违约责任与侵权责任的竞合,不适用本条规定。例如,在旅游合同中,当事人一方违约并未造成旅游者人身损害,而仅仅是导致旅游者无益地度过假期,虽然旅游者有损害,但此时并不构成损害旅游者人格权的侵权责任,此时保护旅游者的途径仅为违约责任。虽然可以考虑在此类以精神上满足为目的的特殊类型的合同中,计算违约赔偿数额时对这些合同的特性予以考虑,但不适用本条规定。

其次,因当事人一方的违约行为损害对方自然人的人格权并造成严重精神损害。本条的适用要符合本法第 1183 条第 1 款的规定,即侵害自然人人身权益造成严重精神损害的,被侵权人有权请求精神损害赔偿。据此,这意味着:(1)损害对方人格权;(2)损害自然人的人格权,不包括损害法人和非法人组织的人格权;(3)造成严重精神损害,才能够获得精神损害赔偿,偶尔的痛苦和不高兴不能认为是严重精神损害;(4)精神损害与违约行为之间存在因果关系。

最后,受损害方选择请求违约方承担违约责任。在责任竞合的情形中,依据本法第 186 条的规定,受损害方有权选择请求其承担违约责任或者侵权责任。只有在受损害方选择请求违约方承担违约责任时,才适用本条的规定。如果受损害方选择请求违约方承担侵权责任，则可以直接依据本法第 1183 条第 1 款的规定，请求精神损害赔偿，无须适用本条。

适用本条的法律后果是，不影响受损害方请求精神损害赔偿。这意味着，受损害方请求行为人承担违约责任时，可以请求违约方承担精神损害赔偿责任。第一，受损害方应当证明行为人不履行合同义务或者履行合同义务不符合约定，同时也应当证明行为人的违约行为损害了自己的人格权并造成严重精神损害。第二，与侵权责任中的情形相同，确定精神损害赔偿的数额应当考虑行为人的主观过错程度，侵害的手段、场合、行为方式等具体情节，侵权行为所造成的后果等情形。随着社会经济的发展变化，精神损害赔偿的数额也会随之发生变化。第三，要适用本法第 577 条以下关于违约责任的规定，尤其是本法关于违约责任的限制性规定，例如本法第 584 条规定的可预见性规则、第 590 条的不可抗力免责规则、第 591 条的减损规则、第 592 条第 2 款的与有过错规则等，这些规则能够防止精神损害赔偿的范围过于宽泛。

第九百九十七条　民事主体有证据证明行为人正在实施或者即将实施侵害其人格权的违法行为，不及时制止将使其合法权益受到难以弥补的损害的，有权依法向人民法院申请采取责令行为人停止有关行为的措施。

【释义】　本条是关于申请人民法院责令行为人停止有关行为的规定。

侵害人格权的一些行为，如果无法及时被制止，为权利人提供及时的救济，尤其是在当前的网络时代，其损害后果不可逆转,甚至会造成难以弥补的损害。例如,一旦将自然人的裸照放到网上,单纯的损害赔偿就不足够,瑞士法对此作出了较为完善的规定。《瑞士民法典》中规定了以诉讼程序请求法院采取措施,其第 28 条第 1 款规定,人格受不法侵害者,为保护其人格,得针对任何参与侵害者诉请法院。该法第 28a 条第 1 款规定了三种具体的防御诉讼,即有受侵害之虞时,得提起防止侵害的诉讼;对既存的侵害,得提起除去侵害的诉讼;如侵害仍然持续性地发生侵扰作用,得提起确认该侵害具有违法性的诉讼。第 28b 条规定了具体的暴力、胁迫或者跟踪情形中的防御性诉讼和可采取的措施。同时,《瑞士民事诉讼法》规定了预防性的措施。按照该法第 261 条第 1 款,如果申请人能够使人相信其人格受到不法侵害或者可能受到不法侵害,并且能够使人相信该侵害会导致不易补救的不利后果,则法院可采取预防性的措施。并且,该法通过第 262 条及以下条文对相关程序进行了更具体的规定。英美法中也存在禁令制度。

在侵害知识产权的情形中,我国专利法第 66 条、商标法第 65 条、著作权法第 50 条已经规定了知识产权人符合法定条件的,可以在起诉前向人民法院申请采取责令停止有关行为的措施。民事诉讼法第 100 条也规定了伴随诉讼程序的行为保全,第 101 条规定了诉前的行为保全。反家庭暴力法在第 4 章中更是进一步规定了不必然伴随诉讼程序、独立于民事诉讼法所规定的行为保全之外的"人身安全保护令"。

本条适用的前提:首先,行为人正在实施或者即将实施侵害其人格权的违法行为。行为人正在实施侵害他人人格权的违法行为,例如,行为人已经在网上发布他人的裸照,如果不及时制止,就可能使受害人的名誉、隐私进一步遭受重大损害。

行为人即将实施侵害他人人格权的违法行为，是指未来有可能发生侵害人格权的现实危险，例如，法院可依法禁止侵害他人名誉权的文章刊载。

其次，不及时制止将使权利人的合法权益受到难以弥补的损害的。这主要是指，不及时制止行为人正在实施或者即将实施侵害权利人的人格权的行为，则权利人的合法权益受到的损害具有不可逆性，难以通过其他方式予以弥补，事后的恢复已经属于不可能或者极为困难。如果损害的发生不具有急迫性，或者即便发生也可以通过其他方式完全弥补，则行为人可通过普通诉讼程序请求人民法院判决而获得救济。此时，人民法院作出判断时，根据权利人的具体情况、侵害行为的性质、是否有其他充分的法律救济手段等，对权利人因侵害行为所遭受的不利以及行为人被责令停止有关行为所遭受的不利，加以衡量比较，进行综合评估。

再次，民事主体有证据证明。民事主体必须提出相关的证据，证明已经具备了申请责令停止有关行为的前提条件，即行为人正在实施或者即将实施侵害权利人的人格权的行为，不及时制止将使其合法权益受到难以弥补的损害。由于涉及行为人的行为自由，因此，通过请求人民法院判决之外的其他程序，向人民法院申请采取责令行为人停止有关行为的措施，为避免过分损害被申请人的行为自由，应当达到有证据能够使人相信，行为人正在实施或者即将实施侵害权利人的人格权的行为并且不及时制止将使其合法权益受到难以弥补的损害，人民法院结合当事人的说明及相关证据，认为有关事实存在的可能性较大的，此时可以采取措施。

本条适用的法律效果是，权利人有权依法向人民法院申请采取责令行为人停止有关行为的措施。首先,权利人必须是向人民法院提出申请,申请的内容也必须具体明确,包括明确的对方当事人、申请采取的具体措施等。

其次,申请的程序要依照法律的规定。本条规定的是通过请求人民法院判决之外的其他程序,申请人民法院采取责令行为人停止有关行为的措施,且仅规定了此种申请的实体法基础。如何通过程序而具体实现,其他法律对此有规定的,应当适用其他法律的规定。例如,民事诉讼法第 100 条规定,人民法院对于可能因当事人一方的行为或者其他原因,使判决难以执行或者造成当事人其他损害的案件,根据对方当事人的申请,可以裁定对其财产进行保全、责令其作出一定行为或者禁止其作出一定行为;当事人没有提出申请的,人民法院在必要时也可以裁定采取保全措施。人民法院采取保全措施,可以责令申请人提供担保,申请人不提供担保的,裁定驳回申请。人民法院接受申请后,对情况紧急的,必须在 48 小时内作出裁定;裁定采取保全措施的,应当立即开始执行。第 101 条第 1 款和第 2 款规定,利害关系人因情况紧急,不立即申请保全将会使其合法权益受到难以弥补的损害的,可以在提起诉讼或者申请仲裁前向被保全财产所在地、被申请人住所地或者对案件有管辖权的人民法院申请采取保全措施。申请人应当提供担保,不提供担保的,裁定驳回申请。人民法院接受申请后,必须在 48 小时内作出裁定;裁定采取保全措施的,应当立即开始执行。再如,反家庭暴力法在第 4 章“人身安全保护令”中,对当事人因遭受家庭暴力或者面临家庭暴力的现实危险,申请人身安全保护令的条件、申请方式、管辖、作出程序和形式、具体措施、期限、救济、执行等也作出了细致的规定。据此申请人身安全保护令的，应当依据反家庭暴力法的这些规定。其他情形也可以参照适用上述规定。

应当注意的是，人民法院采取的措施应当符合比例原则，根据所欲追求的合法目的，其所采取的措施是合理的。例如，持续性的责令行为人停止有关行为可以根据保护人格权的必要程度而有一定的合理期限限制。例如，反家庭暴力法第30条规定，人身安全保护令的有效期不超过6个月，自作出之日起生效。人身安全保护令失效前，人民法院可以根据申请人的申请撤销、变更或者延长。如果起诉前申请被人民法院裁定支持的，一般应当在人民法院采取停止有关行为的措施后一定期限内起诉，否则人民法院可以解除裁定采取的措施。例如，民事诉讼法第101条第3款规定，申请人在人民法院采取保全措施后30日内不依法提起诉讼或者申请仲裁的，人民法院应当解除保全。再如，某文章的部分内容侵害他人名誉或者隐私的，可以责令作者除去相关部分内容，而非禁止整篇文章的发表。行为人应当按照人民法院的要求立即停止相关侵害他人人格权的行为，否则根据情节轻重，人民法院可以依法予以训诫、责令具结悔过、处以罚款甚至拘留；情节严重，构成犯罪的，依法追究刑事责任。但是，如果权利人的申请有错误，导致行为人的损失，行为人可依法请求权利人承担侵权责任。

第九百九十八条　认定行为人承担侵害除生命权、身体权和健康权外的人格权的民事责任，应当考虑行为人和受害人的职业、影响范围、过错程度，以及行为的目的、方式、后果等因素。

【释义】 本条是关于认定行为人承担责任时的考量因素的规定。

保护人格权是尊重和保护人格尊严的要求。但是,如果对人格权的保护过于绝对和宽泛,则难免会产生与其他权利,如新闻报道权等的冲突。人格权保护的价值并非在所有情形中总是一般性地、抽象地高于其他价值,而必须在个案和具体情形中对所有这些价值进行综合权衡。但是,即使承认个案中权衡的必要性,也会出现如何对个案权衡进行合理限制,以实现同等情况同等对待的裁判统一性的要求。

在人格权保护中,比较法多采取动态系统理论,即通过立法划出寻求合理解决方案时的相关考量因素,在个案适用时则需要对各个考量因素进行综合考量,具体结果取决于各个考量因素相比较后的综合权衡,此时,摆脱了僵硬的全有或者全无的方式,由此实现弹性而非固定、开放而非封闭的方式。由此,既承认了个案的衡量,从而能够顾及不同案件的不同情况,并适应社会发展;但又通过立法者对考量因素的划定,实现对个案裁量的限制,个案衡量时要在立法者所划定的考量因素范围内进行论证和说明。在德国法中,人格权保护要积极地确定违法性,就多个不同的价值进行综合权衡,违法性是行为人承担侵害人格权的侵权赔偿责任的必要条件。《瑞士民法典》第 28 条第 2 款规定,一切侵害,除经受害人同意,或者基于重大的私益或公益,或者依据法律而认为正当合理外,均为不法侵害。以该款规定为基础,瑞士法也容纳了对不同价值进行综合权衡的空间,就此而发展出大量的判例。欧洲侵权法小组作出的《欧洲侵权法原则》第 2:102 条和《欧洲私法共同参考框架》第 6-2:101 条第 3 款也采取同样的方式。这都体现了动态考量的因素。在我国法律之中,在利益权衡突出的一些领域也会采取此种动态考量的立法方式。例如,反垄断法第18条和第27条就规定,认定经营者具有市场支配地位和审查经营者集中时,应当依据所列举的因素进行衡量。关于人格权保护的现行司法解释中,也经常采取类似的方式。

经研究,为妥当平衡好人格权保护和其他权利之间的关系,本条规定了认定行为人承担侵害人格权责任时的考量因素。具体而言:

首先,人格权的类型。生命权、身体权和健康权是自然人赖以生存的最基本的人格权,具有特殊性和最重要性,对这些权利应当进行最高限度的保护。据此,本条排除了在认定侵害生命权、身体权和健康权是否需要承担民事责任时的权衡,体现了对此类人格权的特殊保护。但是,对生命权、身体权和健康权之外的人格权的保护,有必要进行妥当的权衡。

其次,主体方面的因素。本条所规定的"行为人和受害人的职业、影响范围"就是关于主体方面因素的一些列举。在行为人方面,如果行为人从事新闻报道和舆论监督的职业,则必须协调新闻报道、舆论监督与人格权保护之间的关系,认定行为人构成侵害人格权,需要更为谨慎的权衡。如果行为人是具有较大社会影响力的人物,其行为应当比普通行为人更为谨慎一些。行为人是消费者时,较之行为人是同业竞争者,基于消费者保护的价值,需要得到更高一些的保护。

受害人方面的因素,则更为复杂:(1)受害人是自然人还是法人或者非法人组织。如果受害人是法人或者非法人组织,需要特别考虑它们的社会功能和公开性、透明性等因素。(2)法人或者非法人组织的不同类型。对营利性、非营利性和特别法人类型以及每种类型内更具体的类型，要予以更为细致的考量。(3)是不是公众人物以及何种类型的公众人物。公众人物是在一定范围内为社会公众所熟知和关注，其言行举止与社会公共利益密切相关，其信息具有一定公众兴趣性的社会人员。公众人物的姓名权、肖像权、隐私权、名誉权等人格权在合理范围内受到一定限制，对媒体的适当监督，应有合理的容忍义务。但是，公众人物并不是完全公共的，他们人格权的限制只能基于公共利益目的，例如行使舆论监督职责，发起对公共议题的讨论等，满足公众的合法知情权，且对其人格权的限制应当适度。此时，可以考虑对公众人物进行更为细致的区分，例如是完全目的的公众人物还是仅与特定公共议题相关的有限目的的公众人物，是自愿成为公众人物还是被动、非自愿成为公众人物。在这些区分中，前一类的公众人物人格权受到的限制就更大一些。(4)特殊主体。例如，未成年人、残疾人这些特殊主体，人格权保护的程度可能就会较高。

再次，主观的过错程度。主观过错程度越高，例如故意或者重大过失，则越可能构成侵害人格权而承担民事责任。但在主观过错程度较低的情况下，要更为谨慎，例如，未经朋友同意将其电话号码发给特定人，导致朋友被诈骗，此时行为人的主观过错程度较低，认定时要更为谨慎。

最后，行为方面的因素。本条所规定的“行为的目的、方式、后果”是对行为方面因素的列举，这包括诸多可以被考量的因素。例如：(1)目的。行为的目的是新闻报道或者舆论监督，涉及公共性的议题，应受到更多的保护。例如，因行为人检举、控告，导致他人名誉贬损的，一般不构成侵害名誉权，但是借检举、控告之名侮辱、诽谤他人，造成他人名誉贬损的，可能会构成侵害名誉权。如果是出于娱乐消遣目的,追求轰动效应,吸引公众眼球,满足部分人的窥探欲望,无涉公共议题,则受到保护的程度要低一些,更为注重对他人人格权的保护。如果是商业目的性行为,较之非商业目的性行为,该行为受到保护的程度也可以适度降低。(2)方式。如果采取了较为恶劣的方式,例如暴力侮辱、恶意跟踪等,构成侵权的可能性就更大。是自己创作还是转载,是主动提供新闻材料还是被动接受采访而提供新闻材料,是创作新闻作品、批评作品还是文学作品,在认定中都要采取不同的标准。行为人发表的言论是属于对特定事实的陈述,还是对个人意见的表达,认定时也要采取不同的标准。(3)后果。造成人格权受侵权的程度越高,人格权受保护的强度就越大。对社会通常行为造成的人格权的轻微损害,权利人要负有社会通常容忍的义务。此时还要考虑行为的时间。例如,在新闻报道中,时限性越强,对事实的核实义务就越低。对公众人物的人格权的限制,也要考虑时间因素,如果经过长久的时间,所涉及的公共事件不再受公众关注,此时对他们人格权的保护,就应当恢复到一般人的水平。报道已经判决过的案件和正在审理中的案件,也会存在不同的要求。同时,也要考虑行为的场所。例如隐私权,较之在私人场所中,在公共场所中的隐私受到的限制要更大,通常以符合一般人的合理期待为标准。

在认定行为人承担侵害人格权的民事责任时,无论是关于责任构成,还是责任后果,都需要对上述因素进行综合考量,各个具体因素之间也会强度互补。例如,是否需要采取责令停止有关行为的措施,也要进行利益的权衡。这种考量不具有整体的确定性,不能脱离个案中的情形,要让相互冲突的价值都能发挥最佳的功效，通过充分对比冲突价值在具体情境中的各自权重，而使所有的价值都能获得最妥善的衡平。在此，需要考虑比例原则，考虑目的是否妥当、手段是否有助于实现目的、手段是否是最小限制、手段的效益是否大于成本，避免运用时的过分机械和僵化。本条的规定仍然是较为抽象的，需要在实践和个案中积累和提炼更为具体的基准和规则，但是，本条规定有助于实践之后的发展，为下一步的案例类型化和更具体的规则提供了规范基础。

为了在具体情形中进一步明确，本法也据此作出了一些更为具体的规定。例如，本法第 1000 条第 1 款规定，行为人因侵害人格权承担消除影响、恢复名誉、赔礼道歉等民事责任的，应当与行为的具体方式和造成的影响范围相当。第 1020 条规定，合理实施下列行为的，可以不经肖像权人同意：(1) 为个人学习、艺术欣赏、课堂教学或者科学研究，在必要范围内使用肖像权人已经公开的肖像；(2) 为实施新闻报道，不可避免地制作、使用、公开肖像权人的肖像；(3) 为依法履行职责，国家机关在必要范围内制作、使用、公开肖像权人的肖像；(4) 为展示特定公共环境，不可避免地制作、使用、公开肖像权人的肖像；(5)为维护公共利益或者肖像权人合法权益，制作、使用、公开肖像权人的肖像的其他行为。第 1026 条规定，认定行为人是否尽到第 1025 条第 2 项规定的合理核实义务，应当考虑下列因素：(1) 内容来源的可信度；(2) 对明显可能引发争议的内容是否进行了必要的调查；(3) 内容的时限性；(4) 内容与公序良俗的关联性；(5) 受害人名誉受贬损的可能性；(6) 核实能力和核实成本。此时，有具体规定的，应当首先适用具体的规定，避免绕开直接的法律规定进入背后的利益评价而导致适用的不确定。

其他法律也规定了对人格权的限制。例如,宪法第40条规定,中华人民共和国公民的通信自由和通信秘密受法律的保护。除因国家安全或者追查刑事犯罪的需要,由公安机关或者检察机关依照法律规定的程序对通信进行检查外,任何组织或者个人不得以任何理由侵犯公民的通信自由和通信秘密。刑事诉讼法第143条第1款规定,侦查人员认为需要扣押犯罪嫌疑人的邮件、电报的时候,经公安机关或者人民检察院批准,即可通知邮电机关将有关的邮件、电报检交扣押。国家安全法第65条规定,国家决定进入紧急状态、战争状态或者实施国防动员后,履行国家安全危机管控职责的有关机关依照法律规定或者全国人民代表大会常务委员会规定,有权采取限制公民和组织权利、增加公民和组织义务的特别措施。在其他法律对人格权进行合法限制的情况下,在符合法律规定的条件、权限、程序、救济时,适用这些法律的特别规定。

第九百九十九条　为公共利益实施新闻报道、舆论监督等行为的,可以合理使用民事主体的姓名、名称、肖像、个人信息等;使用不合理侵害民事主体人格权的,应当依法承担民事责任。

【释义】　本条是关于合理使用民事主体的姓名、名称、肖像、个人信息等的规定。

宪法对新闻报道和舆论监督作出了明确的规定。宪法第35条规定,中华人民共和国公民有言论、出版、集会、结社、游行、示威的自由。第41条第1款规定,中华人民共和国公民对于任何国家机关和国家工作人员,有提出批评和建议的权利;

对于任何国家机关和国家工作人员的违法失职行为,有向有关国家机关提出申诉、控告或者检举的权利,但是不得捏造或者歪曲事实进行诬告陷害。新闻报道、舆论监督有助于保障人民的知情权,有助于自上而下的组织监督和自下而上的民主监督的贯通。在新闻报道、舆论监督中,经常会涉及对民事主体的姓名、名称、肖像、个人信息等的使用。为实施宪法,合理平衡新闻报道、舆论监督与人格权保护之间的关系,本条对实施新闻报道、舆论监督等行为时使用民事主体的姓名、名称、肖像、个人信息等作出了规定。

本条首先规定,为公共利益实施新闻报道、舆论监督等行为的,可以合理使用民事主体的姓名、名称、肖像、个人信息等。新闻报道是新闻单位对新近发生的事实的报道,包括有关政治、经济、军事、外交等社会公共事务的报道以及有关社会突发事件的报道。新闻单位包括依法设立的报刊社、广播电台、电视台、通讯社和新闻电影制片厂。舆论监督是社会公众运用各种传播媒介对社会运行过程中出现的现象表达信念、意见和态度,从而进行监督的活动。舆论监督与新闻报道有密切的关系,但两者存在不同。新闻不一定是舆论,新闻报道只是传播意见进而形成舆论的工具;新闻单位通过报道进行的监督仅是舆论监督的一种,舆论只是借助传播工具实现其监督的目的。在新闻报道和舆论监督中,为了保障人民的知情权、维护国家利益和社会公共利益,可以合理使用民事主体的姓名、名称、肖像、个人信息等,无须民事主体的同意。

据此,本法也作出了一些具体的规定。例如,依据第 1020 条第 2 项、第 5 项的规定,为实施新闻报道,不可避免地制作、使用、公开肖像权人的肖像的,或者为维护公共利益或者肖像权人合法权益,制作、使用、公开肖像权人的肖像的其他行为的,可以不经肖像权人同意。依据第1036条第3项的规定,为维护公共利益合理实施处理自然人个人信息的行为,行为人不承担民事责任。

本条同时明确,实施新闻报道、舆论监督等行为的,对民事主体的姓名、名称、肖像、个人信息等使用不合理侵害民事主体人格权的,应当依法承担民事责任。虽然在新闻报道和舆论监督中,可以不经民事主体的同意,使用其姓名、名称、肖像、个人信息等,但是,为了保护民事主体的人格权,这种使用必须是合理的。此时,应当依据本法第998条的规定,综合考量权衡多种因素,运用比例原则,分析目的是否妥当、使用是否有助于实现目的、使用是否在必要范围内等,对使用是否具有合理性作出判断。如果经判断认为使用是不合理的,则应当依法承担民事责任。

所谓"依法",即依照本法和其他法律的规定,因此,行为人承担民事责任,应当以符合本法和其他法律规定的构成要件为前提。例如,本法第1165条第1款规定,行为人因过错侵害他人民事权益造成损害的,应当承担侵权责任。此时,行为人承担民事责任,就需要行为人的过错、侵害人格权造成损害、行为与损害具有因果关系等构成要件,其责任后果是承担侵权损害赔偿责任。本法第1167条规定,侵权行为危及他人人身、财产安全的,被侵权人有权请求侵权人承担停止侵害、排除妨碍、消除危险等侵权责任。因此,如果符合该条规定,即使行为人没有过错、权利人没有损害,受害人也有权请求行为人承担停止侵害、排除妨碍、消除危险等侵权责任。

第一千条　行为人因侵害人格权承担消除影响、恢复名誉、赔礼道歉等民事责任的，应当与行为的具体方式和造成的影响范围相当。

行为人拒不承担前款规定的民事责任的，人民法院可以采取在报刊、网络等媒体上发布公告或者公布生效裁判文书等方式执行，产生的费用由行为人负担。

【释义】　本条是关于消除影响、恢复名誉、赔礼道歉等责任方式的规定。

侵害人格权也可能会通过消除影响、恢复名誉、赔礼道歉等责任方式予以救济。消除影响、恢复名誉，是指人民法院根据受害人的请求，责令行为人在一定范围内采取适当方式消除对受害人名誉的不利影响，以使其名誉得到恢复的一种责任方式。具体适用消除影响、恢复名誉，要根据侵害行为所造成的影响和受害人名誉受损的后果决定。处理的原则是，行为人应当根据造成不良影响的大小，采取程度不同的措施给受害人消除不良影响。例如，在报刊上或者网络上发表文章损害他人名誉权的，就应当在该报刊或者网站上发表书面声明，对错误内容进行更正。消除影响、恢复名誉主要适用于侵害名誉权等情形，一般不适用侵犯隐私权的情形，因为消除影响、恢复名誉一般是公开进行的，如果适用于隐私权的保护，有可能进一步披露受害人的隐私，造成进一步的影响。赔礼道歉，是指行为人通过口头、书面或者其他方式向受害人进行道歉，以取得谅解的一种责任方式。赔礼道歉主要适用于侵害名誉权、荣誉权、隐私权、姓名权、肖像权等人格权的情形。赔礼道歉可以公开进行，也可以私下进行；可以口头方式进行，也可以书面方式进行。具体采用什么形式,由法院依据案件的具体情况决定。口头道歉是由行为人直接向受害人表示,一般不公开进行;书面道歉以文字形式进行,可以登载在报刊上,或者张贴于有关场所。如果判决要求被告公开赔礼道歉,一般应当明确赔礼道歉的具体方式,如书面致歉、登报致歉等。

在比较法中,对此存在类似措施。在德国司法实践中,包括侵害名誉不实陈述的撤回以及不当意见的更正或者补充说明等责任方式,也包括将判决书进行全文或者摘要刊登的方式。《日本民法典》第723条规定,对于损坏他人名誉的人,法院根据受害人的请求,可以替代损害赔偿或与损害赔偿同时命令其作出有利于恢复名誉的适当处理;《韩国民法典》第764条也有类似规定;我国台湾地区"民法"第195条第1项中,也规定了名誉被侵害者,并得请求恢复名誉之适当处分。

经研究,消除影响、恢复名誉、赔礼道歉,能够防止财产损失、精神损害的扩大或者进一步发生,弥补受害人所遭受的精神痛苦,类似于精神上的恢复原状,符合我国的传统文化,连接了法律与道德。多年来,无论在立法上还是在司法实践中,均被证明是行之有效的针对人格权侵害的救济形式,在实践中被广泛采用。

对此,本条第1款首先明确,行为人因侵害人格权承担消除影响、恢复名誉、赔礼道歉等民事责任的,应当与行为的具体方式和造成的影响范围相当。这首先意味着,在是否适用这些民事责任时,应当考虑到侵害人格权行为的具体方式和造成的影响范围。同时,在考虑行为的具体方式和造成的影响范围时,还应当将被侵权人的心理感受及所受煎熬、痛苦的程度纳入考虑范围。例如,如果被侵权人极度痛苦,而赔偿损失、消除影响和恢复名誉这些责任方式不足够的,可以判决行为人承担赔礼道歉这种民事责任。其次,这些民事责任的具体方式也应当考量行为的具体方式和造成的影响范围。在通常情况下,如果是在特定单位内传播侵害人格权的信息的,应当在特定单位内予以消除影响、恢复名誉、赔礼道歉。如果是在特定网络媒体上传播侵权信息的,应当在该网络媒体上予以澄清事实;而在特定网络媒体上传播的侵权信息又被其他网络媒体转载的,也可以考虑在其他网络媒体上予以澄清事实。

但是,当人民法院作出判决后,行为人拒不消除影响、恢复名誉、赔礼道歉的,依然存在如何执行的问题。目前,对于消除影响和恢复名誉而言,执行并不是难题。民事诉讼法对此规定了替代执行措施,第252条规定,对判决、裁定和其他法律文书指定的行为,被执行人未按执行通知履行的,人民法院可以强制执行或者委托有关单位或者其他人完成,费用由被执行人承担。同时,民事诉讼法还规定了一些间接强制的措施,以对债务人施加压力促使其继续履行债务,这适用于所有类型的债务。第255条规定,被执行人不履行法律文书确定的义务的,人民法院可以对其采取或者通知有关单位协助采取限制出境,在征信系统记录、通过媒体公布不履行义务信息以及法律规定的其他措施。第111条规定,拒不履行人民法院已经发生法律效力的判决、裁定的,人民法院可以根据情节轻重予以罚款、拘留;构成犯罪的,依法追究刑事责任。如果债务人是单位,人民法院可以对其主要负责人或者直接责任人员予以罚款、拘留;构成犯罪的,依法追究刑事责任。

但是,赔礼道歉与行为人的自由有着密切关系。赔礼道歉当然可以缓解人格权被侵犯主体的精神痛苦,具有弥补损害的功能。但应该看到,赔礼道歉包括认错并向对方表示歉意,这涉及行为人内在的精神自由,也涉及纯粹消极层面的不表达的自由。因此,对于受害人或者法院以被告名义拟定道歉启事并予以公布这种方式,日本司法实践中认为,道歉广告符合比例原则,但也有反对观点。韩国有裁判认为,道歉广告不符合比例原则。我国台湾地区认为,是否有为恢复受害人的名誉,限制加害人不表意自由的必要,应就不法侵害人格法益情节之轻重和强制表意的内容等审慎斟酌。

就我国的司法实践而言,《最高人民法院关于审理名誉权案件若干问题的解答》第11条规定,侵权人拒不执行生效判决,不为对方恢复名誉、消除影响的,人民法院可以采取公告、登报等方式,将判决的主要内容和有关情况公布于众,费用由被执行人负担。《最高人民法院关于审理利用信息网络侵害人身权益民事纠纷案件适用法律若干问题的规定》第16条第2句也明确规定,侵权人拒不履行的,人民法院可以采取在网络上发布公告或者公布裁判文书等合理的方式执行,由此产生的费用由侵权人承担。此时,并非采取受害人或者法院以被告名义拟定道歉启事并予以公布这种道歉广告或者道歉启事方式,而是采取在报刊、网络等媒体上发布公告或者公布生效裁判文书这种替代方式。这种替代方式将对行为人内在精神自由和不表达自由的限制转变为对行为人财产权的限制,符合最小损害的比例原则精神,有助于实现消除影响、恢复名誉的客观效果。德国和法国均有将判决书在报纸上进行全文或者摘要刊登的规定。据此,本条第2款明确规定,行为人拒不承担前款规定的民事责任的,人民法院可以采取在报刊、网络等媒体上发布公告或者公布生效裁判文书等方式执行，产生的费用由行为人负担。

根据本条第2款的规定，首先，行为人拒不承担消除影响、恢复名誉、赔礼道歉的民事责任。如果行为人主动履行了这些民事责任，就不存在执行的问题。其次，执行的方式是在报刊、网络等媒体上发布公告或者公布生效裁判文书等。虽然裁判文书按照现有规定都需要公开，但这种一般性的公开并不等同于本款所规定的为消除影响而在特定范围内的公告或者公布生效裁判文书。发布公告，可以是受害人发表谴责公告或者法院发布判决情况的公告，但一般不采取受害人或者法院以被告名义拟定道歉启事并予以公布。公布裁判文书，可以是全部公布，也可以是摘要公布。在报刊、网络等媒体上，应当是法院所指定的特定媒体，也包括以书面形式在特定范围内张贴等方式。但是，在报刊、网络等媒体上发布公告或者公布生效裁判文书仅仅是执行的例示方式，除此种方式之外，还有一个“等”字，以涵盖其他执行方式，人民法院可以根据案件的具体情况，采取合理的其他执行方式。最后，人民法院是“可以”而非“应当”采取。鉴于侵害人格权的情形较为复杂，有时发布公告或者公布裁判文书可能会导致后续的损害，因此赋予人民法院根据情况加以酌定处理的必要。如果人民法院经过审理认为，侵权行为已经停止，且相关侵权信息已经删除，此时人民法院再行发布公告或者公布裁判文书，则有可能进一步将侵权结果再次扩大。此时，人民法院可以征询被侵权人的意见，在被侵权人不同意的情况下，人民法院也可以不采取发布公告或者公布裁判文书的方式执行，而可以通过其他方式予以执行。

第一千零一条　对自然人因婚姻家庭关系等产生的身份权利的保护,适用本法第一编、第五编和其他法律的相关规定;没有规定的,可以根据其性质参照适用本编人格权保护的有关规定。

【释义】 本条是关于身份权利保护参照适用人格权保护规则的规定。

因婚姻家庭关系等产生的身份权利,包括自然人因婚姻关系产生的身份权利和因家庭关系产生的身份权利。前者是夫妻之间的身份权利;后者是因家庭关系产生的身份权利,例如父母对子女的亲权和履行监护职责产生的权利。

在立法过程中,有观点提出,自然人因婚姻家庭关系产生的身份权利,与人格权在保护上具有一定相似性。对这些身份权利的保护,除适用婚姻家庭编的规定外,还应当参照适用人格权保护的相关规定。经研究,身份权利和人格权利虽然不同,但是两者存在密切的关系。建立和维持与他人之间的身份关系,本身就是人格发展的必要条件,保护身份权利往往同时就是保护个人利益。两种权利都不可转让,具有相似的属性。据此,为完善身份权利的保护,体现民法典编纂的体系性,本条规定,对自然人因婚姻家庭关系等产生的身份权利的保护,适用本法第1编、第5编和其他法律的相关规定;没有规定的,可以根据其性质参照适用本编人格权保护的有关规定。

对自然人因婚姻家庭关系等产生的身份权利的保护,首先应当适用本法总则编、婚姻家庭编和其他法律的相关规定。本法总则编关于监护的条文以及婚姻家庭编对此种身份权利的保护进行了一些明确的规定,其他法律也存在对身份权利保护的规定,这些规定应当具有优先适用性,对身份权利进行保护时,应当首先适用这些明确的特殊规定。

其次,没有特别规定的,本编人格权保护的有关规定可以被参照适用于身份权利的保护。在对身份权利的保护没有明确的特殊规定时,可以根据其性质参照适用人格权保护的规定以弥补保护的漏洞,这有助于通过人格权保护的规定补充完善身份权利的保护。例如,本法第 995 条规定,受害人的停止侵害、排除妨碍、消除危险、消除影响、恢复名誉、赔礼道歉请求权,不适用诉讼时效的规定。如果侵害身份权利有必要消除影响的,可以参照适用该款规定,消除影响的请求权不适用诉讼时效的规定。因侵害身份权利而承担消除影响、恢复名誉、赔礼道歉等民事责任的,可以参照适用本法第 1000 条的规定,此时这些民事责任应当与行为的具体方式和造成的影响范围相当;行为人拒不承担的,人民法院可以采取在报刊、网络等媒体上发布公告或者公布生效裁判文书等方式执行,产生的费用由行为人负担。对身份权利的保护,也可以参照适用本法第 997 条的规定,民事主体有证据证明行为人正在实施或者即将实施侵害其身份权利的违法行为,不及时制止将使其合法权益受到难以弥补的损害的,有权依法向人民法院申请采取责令行为人停止有关行为的措施。因侵害身份权利而导致侵权责任和违约责任竞合的情况下,可以参照本法第 996 条的规定,受损害方选择请求其承担违约责任的,不影响受损害方请求精神损害赔偿。认定行为人承担侵害身份权利的民事责任,也同样可以参照本法第 998 条的规定,考量行为人的过错程度以及行为的目的、方式、后果等因素。没有相关的规定对一些身份利益予以保护的,也可以参照适用本法第 990 条第 2 款的规定,即自然人享有基于人身自由、人格尊严产生的其他人格权益。如果这种身份利益是基于人身自由、人格尊严所产生的,且通过利益衡量值得保护,可以参照适用上述规定。

再次,能够被参照适用于身份权利保护的只能是本编人格权保护的有关规定。例如,本法第993条规定,民事主体可以将自己的姓名、名称、肖像等许可他人使用,但是依照法律规定或者根据其性质不得许可的除外。该规定并非人格权保护的规定,而是关于特定人格利益许可使用的规定。但是,在身份权利中,不存在此种许可使用的问题,因此也不存在参照适用的可能性。

最后,人格权保护的规定是被参照适用于而非直接适用于身份权利的保护。人格权的保护不是以保护身份权利为出发点,而是以保护个人的人身自由和人格尊严为基本价值追求,与身份权利以保护婚姻和家庭共同体的价值追求不同。身份权利的保护在参照适用人格权保护的规定时,应当考虑到关于身份权利的整体价值取向。如果根据身份关系主体之间利益的平衡,参照适用人格权保护的规定不符合有关身份权利保护的整体价值取向的,就不能参照适用人格权保护的规定。同时,参照适用人格权保护的规定,原则上仅具有保护身份权利的功能,据此可以使身份权利免受他人的侵害,但不具有积极的请求功能,没有赋予身份权利人要求他人积极行为的请求权。

第二章　生命权、身体权和健康权

本章共10条,对生命权、身体权和健康权这些自然人赖以生存的最基本人格权作出了规定,包括生命权、身体权和健康权的基本规定和法定救助义务、人体捐献、人体临床试验、基因胚胎研究、性骚扰和行动自由等内容。

第一千零二条　自然人享有生命权。自然人的生命安全和生命尊严受法律保护。任何组织或者个人不得侵害他人的生命权。

【释义】 本条是关于生命权的规定。

生命权，是指自然人享有的以维护生命安全和生命尊严为内容的权利。民法通则第 98 条规定，公民享有生命健康权。但是，因为生命权和健康权在权利内容上存在区别，并且生命的丧失不可逆转，因此侵权责任法第 2 条第 2 款已经将生命权和健康权区分为两种不同的民事权利予以规定。本法延续了侵权责任法的规定，区分规定生命权和健康权。

首先，本条明确规定自然人享有生命权。自然人只有享有生命权，才能作为一个主体在社会中生存并与他人交往，追求自己存在的价值。生命权是自然人最为重要的人格权，是其他人格权和其他权利的前提，是从事民事活动和其他一切活动的前提和基本要求。

其次，生命权的内容是生命安全和生命尊严受法律保护。在自然人的生命权遭受侵害或者面临危险时，权利人可以依法采取相应的保护措施，以维护自己的生命安全。

生命尊严受法律保护，是指自然人有权基于人格尊严，在消极意义上禁止他人侵害自己作为生命主体者的尊严，在积极意义上要求自己作为生命主体者的尊严获得应有的尊重，提升生命的尊严和品质。生命尊严使生命权的保障在生命安全之外,扩展到生命过程中生命主体者的尊严获得应有的尊重。《法国民法典》第16条即规定,法律确保人的优先性,禁止对尊严的一切侵害;自人的生命伊始即确保对人的尊重。我国基本医疗卫生与健康促进法第33条第1款也规定,公民接受医疗卫生服务,应当受到尊重。医疗卫生机构、医疗卫生人员应当关心爱护、平等对待患者,尊重患者人格尊严,保护患者隐私。有自我决定能力的自然人,可以积极地明确表达不同意采取某些特定的治疗手段的意思。加拿大《魁北克民法典》第13条第2款就明确规定,如果进行非常规的治疗,或者治疗无用处,或者治疗的后果非常人所能承受,则治疗需征得本人同意。如果自然人基于自己真实无误的个人意愿明确表达了此种拒绝,则应当尊重自然人的意愿,仅可以而且应该采取缓和的基础医疗服务。同时,对体外受精胚胎这种未来有可能发展成为生命的特殊存在物的具体处置,都要考虑到生命尊严的价值。

最后,本条从反面进一步规定,任何组织或者个人不得侵害他人的生命权。不能把自然人的生命作为实现其他目的的手段,任何人都不得非法剥夺他人的生命。

第一千零三条　自然人享有身体权。自然人的身体完整和行动自由受法律保护。任何组织或者个人不得侵害他人的身体权。

【释义】 本条是关于身体权的规定。

身体权,是指自然人享有的以身体完整和行动自由受法律保护为内容的权利。本法总则编第110条第1款将身体权作为独立的人格权。身体权与生命权、健康权密切相关,侵害自然人的身体往往导致对自然人健康的损害,甚至剥夺自然人的生命。但生命权、健康权和身体权所保护的自然人的具体人格利益有区别,生命权以保护自然人生命的延续为内容之一,健康权以保护身体各组织及整体功能正常为内容之一,而身体权以保护身体组织的完整为内容之一。当他人侵害自然人的身体已经达到使自然人的组织和功能不正常时,侵害的是自然人的健康权,而非身体权。当他人侵害自然人的身体,但未侵害自然人的组织和功能正常时,侵害的仅是自然人的身体权,而非健康权。如甲未经乙同意突然将乙的长头发剪断,此时乙的身体组织和功能正常并未受到侵害,但甲侵害了乙对自己身体组织保持完整的权利,侵害了乙的身体权。

自然人的身体权是自然人重要的人格权。作为生命的载体,自然人的身体受法律保护,任何人不得侵害。例如《法国民法典》第 16-1 条规定,每个人的身体均有权受到尊重。人体不可侵犯。人体、组成要素不得成为财产权的标的。第 16-2 条规定,法官得采取一切必要措施,防止或责令停止对人体的不法侵害或对人体的组成的不法行为,包括在他人死亡之后。也有多个条款详细规定了人体完整权的具体内容。加拿大《魁北克民法典》第 10 条第 1 款规定,任何人都不受侵犯且有权维持身体完整,并在第 11～31 条进行了更为具体的规定。除此之外,《意大利民法典》第 5 条、《埃塞俄比亚民法典》第 18 条、《越南民法典》第 33 条和第 35 条、我国澳门特别行政区民法典第 71 条第 2 项等都对此予以规定。

依照本条规定,身体权的内容是身体完整和行动自由受法律保护。任何组织或者个人不得侵害他人的身体权。侵害身体权的行为是多样的。身体包括头颈、躯干、四肢、器官以及毛发指甲等各种人体细胞、人体组织、人体器官,例如剪掉头发或者眉毛,构成了对身体权的侵害。对于固定于身体成为身体组成部分,与其他组成部分结合一起发挥功能,而不能自由卸取的人工附加部分,如假肢、义齿、义眼、心脏起搏器等,对这些部分的侵害,也可以被认为是构成侵害身体权,造成严重精神损害的,可以依法请求精神损害赔偿。

应当注意的是,虽然自然人死亡之后就不再享有身体权,但是,自然人死亡后的遗体、遗骨和骨灰也应当受到尊重。《法国民法典》第16-1-1条就规定,对人体的尊重,不因死亡而终止。死者的遗体,包括火化后的骨灰,应以具有尊敬、尊严和体面的方式处置。例如,对遗体的解剖必须符合现有规范的条件、权限和程序的规定,禁止对遗体进行商业性利用的行为。死者近亲属也应当尊重自然人生前意愿,以不违反法律和违背公序良俗的方式处置死者的遗体、遗骨和骨灰。

第一千零四条　自然人享有健康权。自然人的身心健康受法律保护。任何组织或者个人不得侵害他人的健康权。

【释义】　本条是关于健康权的规定。

健康权是自然人享有的以身心健康受法律保护为内容的权利。健康是维持人体正常生命活动的基础,健康权是自然人重要的人格权。本条规定的健康权是一种民事权利。国家对于公民健康,在公法意义上的保护义务是通过其他法律予以实现的。例如,基本医疗卫生与健康促进法第4条规定,国家和社会尊重、保护公民的健康权。国家实施健康中国战略,普及健康生活,优化健康服务,完善健康保障,建设健康环境,发展健康产业，提升公民全生命周期健康水平。国家建立健康教育制度，保障公民获得健康教育的权利，提高公民的健康素养。第5条规定，公民依法享有从国家和社会获得基本医疗卫生服务的权利。国家建立基本医疗卫生制度，建立健全医疗卫生服务体系，保护和实现公民获得基本医疗卫生服务的权利。

本条首先明确健康权的内容是身心健康受法律保护。身心健康包括身体健康和心理健康。健康，是指一个人在身体和心理等方面都处于良好的状态，相应地包括身体健康和心理健康，但不包括一个人在社会适应方面的良好状态以及道德健康等。作为身心统一体的人，身体和心理是紧密依存的两个方面，身体健康和心理健康具有密切的联系。心理健康是身体健康的精神支柱，身体健康又是心理健康的物质基础。良好的情绪状态可以使生理功能处于最佳状态，反之则会降低或破坏某种功能而引起疾病。身体状况的改变可能带来相应的心理问题，生理上的缺陷、疾病，特别是痼疾，往往会使人产生烦恼、焦躁、忧虑、抑郁等不良情绪，导致各种不正常的心理状态。基本医疗卫生与健康促进法第28条第1款也特别规定，国家发展精神卫生事业，建设完善精神卫生服务体系，维护和增进公民心理健康，预防、治疗精神障碍。精神卫生法对心理健康和精神障碍进行了详细的规定。据此，健康权的保护范围就不应当仅限于身体健康，也应当包括心理健康，导致受害人精神分裂、痴呆、狂想障碍、恐惧症、焦虑症、抑郁症等侵害心理健康的行为，也构成侵害健康权。同时，劳动能力的保持也属于健康的内容之一。

本条从反面进一步规定，任何组织或者个人不得侵害他人的健康权。因此，任何组织或者个人不得以殴打、推搡、撞击、撕咬、肉体折磨、威吓、精神折磨或者不作为等方式侵害他人的健康权。

第一千零五条　自然人的生命权、身体权、健康权受到侵害或者处于其他危难情形的,负有法定救助义务的组织或者个人应当及时施救。

【释义】　本条是关于法定救助义务的规定。

为了保护自然人的生命权、身体权和健康权,弘扬社会主义核心价值观,在自然人的生命权、身体权、健康权受到侵害或者处于其他危难情形时,法律应当鼓励和支持对自然人的适当救助。这种鼓励和支持体现在两个层面。第一,对不负有法定救助义务的救助人的保护。一方面在救助人造成受助人损害情形下,受害人责任应予以限制或者免除。本法第184条规定,因自愿实施紧急救助行为造成受助人损害的,救助人不承担民事责任。另一方面,救助人因救助而使自己受到损害时享有请求权。本法第183条规定,因保护他人民事权益使自己受到损害的,由侵权人承担民事责任,受益人可以给予适当补偿。没有侵权人、侵权人逃逸或者无力承担民事责任,受害人请求补偿的,受益人应当给予适当补偿。同时,本法关于无因管理的条文也为救助者提供了一定的保护。第二,规定特定主体在特定情况下积极的救助义务。本条即规定了在自然人的生命权、身体权、健康权受到侵害或者处于其他危难情形时特定主体的救助义务。

本条适用的前提,首先是自然人的生命权、身体权、健康权受到侵害或者处于其他危难情形。只有在自然人的生命权、身体权、健康权处于非常紧急的需要救助的情形,不立即实施救助将会使自然人的生命、身体或者健康遭受重大的损害时,才可能存在法定的救助义务,此时要考虑到急迫性、危险性、其他救助措施获得的难度等因素。

其次是特定的组织或者个人负有法定的救助义务。积极的救助义务,在比较法中规定的前提范围是不同的。美国有些州的“好撒玛利亚人法”规定,在特定情形下对身处危难之中的他人进行救助是公民的义务,除非救助者的介入会给其本人或者其他人带来危险,或者存在其他合法原因可以不进行救助。但同样有一些州没有规定积极的救助义务。《魁北克人权宪章》规定,任何人必须救助处于危险中的人,通过亲自救助或联系急救机构,为危险中的人提供必要的急救,认为救助过程会给自身或第三方身体造成伤害或有其他法律认可的理由除外。《法国刑法典》第223-6条规定,任何人在不给自己或第三方造成危险且其能够提供救助的情况下故意不救助处于危险中的受害者,可能会被判处5年的监禁刑和高达7.5万欧元的罚款。《德国刑法典》第323c条规定,在意外事故或公共危险的紧急时刻,有能力实施救助且不给自己带来潜在危险或者不违反其他重要职责的情况下不提供救助者,将被处以不超过1年的监禁刑或者罚款。影响范围最广的是《欧洲侵权法原则》第4:103条的规定,具有下列情形之一的,产生保护他人免受损害的积极作为义务:法律有规定;行为人制造或者控制了某种危险情势;当事人之间存在特殊关系;损害严重而避免损害容易。《越南民法典》第33条第2款对此也作出了规定。

经认真研究,为避免道德义务和法律义务的混淆而提出过高的行为要求,本条规定的救助义务限定在法律规定的前提下。法律对救助义务的规定,包括两种。第一种是条文中明确规定了救助义务。例如,本法第822条规定,承运人在运输过程中,应当尽力救助患有急病、分娩、遇险的旅客。基本医疗卫生与健康促进法第27条第3款规定,急救中心(站)不得以未付费为由拒绝或者拖延为急危重症患者提供急救服务。执业医师法第24条规定,对急危患者,医师应当采取紧急措施进行诊治;不得拒绝急救处置。《医疗机构管理条例》第31条据此规定,医疗机构对危重病人应当立即抢救。对限于设备或者技术条件不能诊治的病人,应当及时转诊。海商法第174条规定,船长在不严重危及本船和船上人员安全的情况下,有义务尽力救助海上人命。道路交通安全法第70条第1款规定,在道路上发生交通事故,车辆驾驶人应当立即停车,保护现场;造成人身伤亡的,车辆驾驶人应当立即抢救受伤人员,并迅速报告执勤的交通警察或者公安机关交通管理部门。因抢救受伤人员变动现场的,应当标明位置。乘车人、过往车辆驾驶人、过往行人应当予以协助。第二种是法律虽然没有明确规定救助义务,但规定中包含了救助义务。例如,本法第942条第1款规定,物业服务人应当采取合理措施保护业主的人身、财产安全。本法第1198条规定了宾馆、商场、银行、车站、机场、体育场馆、娱乐场所等经营场所、公共场所的经营者、管理者或者群众性活动的组织者的安全保障义务。这些义务中也包括了在自然人的生命权、身体权、健康权受到侵害或者处于其他危难情形时,法律规定的主体应当负有采取合理措施予以救助的义务。对于实践中需要确定义务人应当负有的具体安全保障义务的内容,可以参考该安全保障义务人所在行业的普遍情况、所在地区的具体条件、所组织活动的规模等各种因素,从侵权行为的性质和力度、义务人的安保能力以及发生侵权行为前后所采取的防范、制止侵权行为的状况、当事人之间特殊的关系和信赖等方面，根据实际情况综合判断。

本条适用的法律效果是，负有法定救助义务的组织或者个人应当及时施救。首先应当是及时施救，不得以未付费等为由拒绝或者拖延救助。其次，施救的措施包括亲自救助或者通过联系国家机关、急救机构等方式。

第一千零六条　完全民事行为能力人有权依法自主决定无偿捐献其人体细胞、人体组织、人体器官、遗体。任何组织或者个人不得强迫、欺骗、利诱其捐献。

完全民事行为能力人依据前款规定同意捐献的，应当采用书面形式，也可以订立遗嘱。

自然人生前未表示不同意捐献的，该自然人死亡后，其配偶、成年子女、父母可以共同决定捐献，决定捐献应当采用书面形式。

【释义】　本条是关于人体捐献的规定。

人体捐献包括人体细胞的捐献、人体组织的捐献、人体器官的捐献、遗体的捐献等。人体由有机质和无机质构成细胞，由细胞与细胞间质组成组织，由组织构成器官。人体细胞是人体的结构和生理功能的基本单位。人体组织是结构相似和功能相关的人体细胞和细胞间质集合组成的组织，包括上皮组织、结缔组织、肌肉组织、神经组织。人体器官是由多种人体组织构成的能行使特定功能的结构单位。相应地，人体细胞捐献，是指将身体内有活力的细胞群捐献出去，如造血干细胞、精子、卵子等的捐献。人体组织捐献,是指将身体的部分组织捐献出去,包括皮肤、角膜、骨骼、肌腱、血管、骨髓、神经等的捐献。人体器官捐献,是指将身体的某个仍然保持活力的器官捐献出去,包括心脏、肺脏、肝脏、肾脏或者胰腺等的捐献。我国的《人体器官移植条例》第2条第1款就区分了人体细胞捐献、角膜和骨髓等人体组织的捐献以及人体器官的捐献。世界卫生组织人体细胞、组织和器官移植指导原则也作出了同样的区分。遗体的捐献是指将自然人的遗体捐献出去。

捐献的人体可以用于移植,也可以用于医学的研究。将捐献的人体细胞、人体组织、人体器官,移植给病人或者生命垂危的患者,是在第二次世界大战以后开始发展起来的,目前已经成为全球的做法,延长了许多人的生命,并极大地提高了其生活质量。医疗技术的不断改进,导致了需求的增加,目前全世界各个国家和地区的需求都是超过供给的,这导致了人体细胞、人体组织、人体器官商业买卖的不法行为,也促使了很多国家和地区建立程序和体系提高供给。目前,我国对人体捐献已经有相关法律、法规等规定,如刑法、《人体器官移植条例》、《人体捐献器官获取与分配管理规定》、《人体器官移植技术临床应用管理暂行规定》、《非血缘造血干细胞移植技术管理规范》、《非血缘造血干细胞采集技术管理规范》等,建立起了捐献体系、获取分配体系、临床服务体系、监管体系、打击违法犯罪体系五大体系。由于人体捐献涉及自然人最为重要的生命权、身体权和健康权,由规范层级较高的法律予以规定更为妥当。从比较法来看,世界卫生组织专门发布了人体细胞、组织和器官移植的指导原则。《法国民法典》第16-1条第3款、第16-5条、第16-6条至第16-8条涉及人体捐献。加拿大《魁北克民法典》第 22～25 条、《罗马尼亚民法典》第 66 条和第 67 条、《越南民法典》第 35 条都规定了人体捐献。

经研究，考虑到遗体捐献有利于医学研究和救治他人，应当予以鼓励。为了给人体捐献和移植提供一个有序的、符合伦理标准并且可接受的框架，规范人体捐献，保证医疗质量，保障人体健康，发扬人道主义精神，引导民众移风易俗，促进社会主义物质文明和精神文明建设，有利于移植临床救治和医学的发展，为目前的有关规定提供效力层级较高的规范基础，在综合考虑多方面意见的基础上，本法吸收了国务院《人体器官移植条例》的相关内容，借鉴比较立法例，对人体捐献予以规定，并设定了严格的条件。考虑到获得同意是所有医学干预措施的伦理和法律基石，也是人体捐献必须具备的前提，体现了自然人对人体捐献的自决权。因此，本法对人体捐献的规定，仅着眼于人体捐献应当获得同意和对同意的限制，而不涉及其他更为细致的管理规定。例如，从事采集摘取或者移植的机构应具备的条件，是否需要经过伦理委员会的审查等具体的程序性规定，告知、查验、随访和保密义务等其他的具体管理性规定，违反规定的刑事责任和行政责任等，这些仍然留给特别法予以更具体规定。例如，刑法第 234 条之一就规定了相关的刑事责任，即组织他人出卖人体器官的，处 5 年以下有期徒刑，并处罚金；情节严重的，处 5 年以上有期徒刑，并处罚金或者没收财产。未经本人同意摘取其器官，或者摘取不满 18 周岁的人的器官，或者强迫、欺骗他人捐献器官的，依照刑法第 234 条、第 232 条的规定定罪处罚。违背本人生前意愿摘取其尸体器官，或者本人生前未表示同意，违反国家规定，违背其近亲属意愿摘取其尸体器官的，依照刑法第 302 条的规定定罪处罚。

本条规定的主要内容如下:

第一,自然人享有捐献或者不捐献人体细胞、人体组织、人体器官和遗体的自主决定权。人体捐献与自然人的人格尊严密切相关,获得人体捐赠者的同意是人体捐赠最为重要的前提。《人体器官移植条例》第7条规定,人体器官捐献应当遵循自愿、无偿的原则。公民享有捐献或者不捐献其人体器官的权利,任何组织或者个人不得强迫、欺骗或者利诱他人捐献人体器官。基于人格尊严保护的特殊要求,人体捐献者的自主决定权也包括有权随时撤销其同意捐献的意愿。第8条规定,对已经表示捐献其人体器官的意愿,有权予以撤销。卫生部印发的《人体器官移植技术临床应用管理暂行规定》第27条第3款亦规定,捐赠者有权在人体器官移植前拒绝捐赠器官。

第二,人体捐献的意愿必须真实合法,任何组织或者个人不得强迫、欺骗、利诱捐献。人体捐献的意愿必须是捐献人的真实意愿,捐献意愿不是因为强迫、欺骗、利诱而作出的。世界卫生组织人体细胞、组织和器官移植指导原则3规定,捐献人应自愿行动,不受任何不正当的影响和强迫。指导原则7规定,如果用于移植的细胞、组织或器官是通过剥削或强迫,或向捐献人或死者近亲属付款获得的,医生和其他卫生专业人员应不履行移植程序,健康保险者和其他支付者不应承担这一程序的费用。《人体器官移植条例》第18条第1款也规定,人体器官移植技术临床应用与伦理委员会收到摘取人体器官审查申请后,应当审查人体器官捐献人的捐献意愿是否真实。同时,捐献意愿真实的前提是应当对捐献人履行告知说明程序,以使捐献者知情并能够全面客观地自主决定,从而保证捐献人的意愿是真实的。例如,卫生部印发的《人体器官移植技术临床应用管理暂行规定》第 30 条第 1 款规定,医疗机构在摘取活体器官捐赠者所同意捐赠的器官前,应当充分告知捐赠者及其家属摘取器官手术风险、术后注意事项、可能发生的并发症及预防措施等,并签署知情同意书。世界卫生组织人体细胞、组织和器官移植指导原则 3 规定,应以完整和可理解的方式告知活体捐献人,其捐献可能存在的危险、捐献的益处和后果;捐献人应在法律上有资格和能力权衡这些信息;捐献人应自愿行动,不受任何不正当的影响和强迫。

同时,人体捐献的意愿也必须是合法的,不得违反法律规定和违背公序良俗。例如,基于医学伦理原则,捐献不得危及捐献人自身的生命或者严重损害捐献人自身的健康,以防止出现职业捐献者群体和变相的买卖,这是从维护捐献者的人格尊严和身体健康出发,对其捐献行为的限制。此时,可能要考虑捐献的是人体细胞、人体组织还是人体器官,不同人体组成部分的捐献对捐献者自身生命或者健康造成损害的可能性是不同的。例如,人体细胞可以活体捐献,人体组织的活体捐献对捐献者的损害不同,属于人体器官的肾脏、肝脏的活体捐献的损害可控,但心脏决不能允许活体捐献。同时也要考虑区分活体捐献和死体捐献,活体捐献有可能会对捐献者自身生命或者健康造成损害,但死体捐献不会。因此,在捐献者表达其活体捐献意愿之后,实施手术的医疗机构应当对其身体健康状况进行检查,以核实其健康状况是否允许捐献器官。如果经检查后发现捐献可能给其自身健康带来严重危害,则不得协助其完成采集或者摘取。献血法第 9 条规定,血站对献血者必须免费进行必要的健康检查;身体状况不符合献血条件的,血站应当向其说明情况,不得采集血液。献血者的身体健康条件由国务院卫生行政部门规定。血站对献血者每次采集血液量一般为 200 毫升,最多不得超过 400 毫升,两次采集间隔期不少于 6 个月。严格禁止血站违反前款规定对献血者超量、频繁采集血液。《人体器官移植条例》第 19 条第 1 款规定,从事人体器官移植的医疗机构及其医务人员摘取活体器官前,应当确认除摘取器官产生的直接后果外不会损害活体器官捐献人其他正常的生理功能。《人体器官移植技术临床应用管理暂行规定》第 30 条第 3 款规定,活体器官移植不应当因捐献活体器官而损害捐赠者相应的正常生理功能。

第三,完全民事行为能力人才有权依法自主决定。人体捐赠者必须对捐赠行为具有充分的判断和辨认能力,这要求捐赠者必须具备完全的民事行为能力。未成年人以及不能辨认或者完全辨认自己行为的成年人等限制民事行为能力人和无民事行为能力人,不能作出人体捐献的有效同意。《人体器官移植条例》第 8 条第 1 款即规定,捐献人体器官的公民应当具有完全民事行为能力。

应当注意的是,关于不具有完全民事行为能力的人的人体捐献,受到了严格的控制。世界卫生组织人体细胞、组织和器官移植指导原则 4 规定,除了在国家法律允许范围内的少数例外情况,不可出于移植目的从未成年活人身上摘取任何细胞、组织或器官。应当具备保护未成年人的具体措施,在任何可能情况下都应在捐献前获得未成年人的同意。对未成年人适用的内容也同样适用于没有法定能力者。《人体器官移植条例》第 9 条规定,任何组织或者个人不得摘取未满 18 周岁公民的活体器官用于移植。据此,未成年人和其他不具有完全民事行为能力的人的活体人体细胞、人体组织、人体器官不得被捐献用于移植。因此，在本条的适用中，应当注意，有权作出活体捐献意愿中的完全民事行为能力的人不包括本法第18条第2款规定的情形，即16周岁以上的未成年人，以自己的劳动收入为主要生活来源的，视为完全民事行为能力人。

第四，完全民事行为能力人依据前款规定同意捐献的，应当采用书面形式，也可以订立遗嘱。捐献可能对人体造成损害，涉及生命权、身体权、健康权等最基本的人格权利，同时要确定捐献的意愿是真实的，因此应当对同意捐献的形式作严格限制。《人体器官移植条例》第8条第1款规定，公民捐献其人体器官应当有书面形式的捐献意愿。第19条第1款也规定，从事人体器官移植的医疗机构及其医务人员摘取活体器官前，应当与活体器官捐献人签署知情同意书。《非血缘造血干细胞采集技术管理规范》中也要求在履行告知程序后由捐献者签署知情同意书。同时，考虑到通常在遗嘱中表达死体捐献的意愿，本法继承编对遗嘱的形式进行了严格的限定，足以确保捐献意愿的真实，因此，本条规定，同意捐献除采取书面形式外，也可以订立遗嘱。

第五，自然人生前未表示不同意捐献的，该自然人死亡后，其配偶、成年子女、父母可以共同决定捐献，决定捐献应当采用书面形式。从世界范围来看，关于死体捐献有两种方式：一种方式是明确同意方式，即死者必须在生前依法表示了同意捐献的意愿；另一种方式是推测同意方式，即只要死者没有在生前表示不同意捐献的意愿，其配偶、成年子女、父母就可以捐献。世界卫生组织认为，这两种方式都是符合伦理指导原则的，采取哪一种方式，取决于每个国家的社会、医学和文化政策，包括通常情况下对卫生保健作出决定时家庭成员的参与方式。我国的《人体器官移植条例》采取了后一种方式,第8条第2款规定,公民生前表示不同意捐献其人体器官的,任何组织或者个人不得捐献、摘取该公民的人体器官;公民生前未表示不同意捐献其人体器官的,该公民死亡后,其配偶、成年子女、父母可以以书面形式共同表示同意捐献该公民人体器官的意愿。经研究,死体捐献不会对捐献者的生命或者健康造成严重损害,且能够发扬人道主义精神,引导民众移风易俗,促进社会主义物质文明和精神文明建设,有利于移植临床救治和医学的发展,本条延续了现有的规定,采取了推测同意方式。

据此,如果自然人生前表示了不同意捐献的意愿,应当尊重自然人的自主决定权,其他任何人,包括配偶、成年子女、父母,都不能在自然人死亡后同意捐献。但是,如果自然人生前未表示不同意捐献,该自然人死亡后,其配偶、成年子女、父母可以共同决定捐献。需要注意以下四点:(1)该自然人死亡后。在其死亡前,其仍有权决定是否捐献,其他人不能代为决定。(2)有权决定捐献的主体是死者的配偶、成年子女和父母。决定捐献者当然必须具备完全的民事行为能力。同时,死者没有配偶、成年子女或者父母也已经死亡的,其他近亲属等都不能决定捐献。(3)死者的配偶、成年子女和父母共同决定。在实践中,即使死者生前同意,摘取通常也要征得近亲属的同意,在死者生前未表示不同意捐献的情形中就更是如此,死者的配偶、成年子女和父母中的任何一个人不同意捐献的,都不能捐献。(4)决定捐献应当采用书面形式。

应当注意的是,死体捐献和活体捐献在很多问题上都是不同的。活体捐献要受到严格的限制,死体捐献受到的限制相较而言要少一些。世界卫生组织人体细胞、组织和器官移植指导原则 3 中规定,死者的捐献应显现出其最大的治疗潜力,但成年活人可在国内法律允许的范围内捐献器官。活体捐献人一般应与接受人在基因、法律或情感上有关系。在以下情况下才可接受活体捐献:捐献人知情并获得其自愿同意,已保证对捐献人的专业照料和完善组织后续步骤,并已审慎执行和监督捐献人选择标准。应以完整和可理解的方式告知活体捐献人,其捐献可能存在的危险、捐献的益处和后果;捐献人应在法律上有资格和能力权衡这些信息;捐献人应自愿行动,不受任何不正当的影响和强迫。我国《人体器官移植条例》第 10 条规定,活体器官的接受人限于活体器官捐献人的配偶、直系血亲或者三代以内旁系血亲,或者有证据证明与活体器官捐献人存在因帮扶等形成亲情关系的人员。第 20 条规定,摘取尸体器官,应当在依法判定尸体器官捐献人死亡后进行。从事人体器官移植的医务人员不得参与捐献人的死亡判定。从事人体器官移植的医疗机构及其医务人员应当尊重死者的尊严;对摘取器官完毕的尸体,应当进行符合伦理原则的医学处理,除用于移植的器官以外,应当恢复尸体原貌。《人体器官移植技术临床应用管理暂行规定》第 28 条也规定,医疗机构摘取尸体器官的,应当对尸体进行必要的、符合社会伦理道德的处理。《人体捐献器官获取与分配管理规定》则规定了死体捐献的获取与分配,捐献器官必须通过器官分配系统进行分配。这些问题都由其他法律予以更细致的规定。

第一千零七条　禁止以任何形式买卖人体细胞、人体组织、人体器官、遗体。

违反前款规定的买卖行为无效。

【释义】 本条是关于禁止买卖人体细胞、人体组织、人体器官、遗体的规定。

基于人格尊严的理念，每一个自然人的身体应当受到尊重，避免仅仅将人体组成部分作为客体；同时，在实践中，人体的买卖很可能会不公平地利用最贫穷和最脆弱的群体，导致牟取暴利和贩卖人口。对此，世界上存在共识。世界卫生组织人体细胞、组织和器官移植指导原则 4 中规定，细胞、组织和器官应仅可自由捐献，不得伴有任何金钱支付或其他货币价值的报酬。购买或提出购买供移植的细胞、组织或器官，或者由活人或死者近亲出售，都应予以禁止。《法国民法典》第 16-1 条第 3 款规定，人体、人体的组成部分及其所生之物，不得作为财产权利的标的。第 16-5 条规定，以赋予人体、人体之组成部分及其所生之物以财产价值为效果的任何协议均无效。第 16-6 条规定，不得对自愿就其人体进行医学实验、摘取器官或采取身体所生之物的人给予任何报酬。加拿大《魁北克民法典》第 25 条、《罗马尼亚民法典》第 66 条也同样如此规定。我国的《人体器官移植条例》第 3 条也规定，任何组织或者个人不得以任何形式买卖人体器官，不得从事与买卖人体器官有关的活动。刑法第 234 条之一第 1 款规定了相关的刑事责任，组织他人出卖人体器官的，处 5 年以下有期徒刑，并处罚金；情节严重的，处 5 年以上有期徒刑，并处罚金或者没收财产。献血法第 11 条也规定，无偿献血的血液必须用于临床，不得买卖。血站、医疗机构不得将无偿献血的血液出售给单采血浆站或者血液制品生产单位，据此本条也对禁止人体买卖作出规定。

本条首先明确，人体捐赠只能是无偿的，禁止以任何形式买卖人体细胞、人体组织、人体器官、遗体。买卖人体的形式在实践中多种多样，任何形式只要构成实质上的买卖，都应当被禁止。在付款对象上，对自然人自己直接付款买卖，这当然构成买卖。如果是对死者的近亲属或者其他中间人予以付款，也同样构成买卖。因此，对上述各方的金钱回报都应当予以禁止。在形式上，不仅是直接的买卖形式应当被禁止，其他实质上类似于买卖的有偿利用形式也应当被禁止。例如，将人体组成部分作为质押或者租赁的标的，这都是实质上类似于买卖的有偿利用形式，都违背了人格尊严。世界卫生组织人体细胞、组织和器官移植指导原则 6 中进一步规定，可依据国内法规，通过广告或公开呼吁的方法鼓励人体细胞、组织或器官的无私捐献。应禁止登广告征求细胞、组织或器官并企图为捐献细胞、组织或器官的个人提供或寻求付款，或在个人死亡情况下，为其近亲属提供或寻求付款。参与对此类个人或第三方付款的中间行为也应予以禁止。

本条进一步明确，违反前款规定的买卖行为无效。本法第 153 条规定，违反法律、行政法规的强制性规定或者违背公序良俗的民事法律行为无效。据此，本条进一步明确，上述买卖行为是无效的，违反第 1 款的规定必然导致民事法律行为无效，第 1 款规定不属于本法第 153 条第 1 款中的“但是，该强制性规定不导致该民事法律行为无效的除外”。如果买卖行为无效，买方无权请求卖方承担违约责任。如果买卖的人体组成部分已经被移植，此时就属于本法第 157 条中规定的不能返还的情形，这并不影响行为人依据法律的规定承担行政责任和刑事责任。例如，在我国有些地方，有买卖死者遗体以配“阴婚”的情形，买卖死者遗体的合同就是无效的合同，可以考虑按照本法第 157 条关于民事法律行为无效的规定予以处理。

但是,应当注意的是,应将人体买卖和依据法律规定对捐赠人或者其近亲属的补偿或者救助、各种成本的补偿区分开。世界卫生组织人体细胞、组织和器官移植指导原则 5 中规定,禁止出售或购买细胞、组织和器官不排除补偿捐献人产生的合理和可证实的费用,包括收入损失,或支付获取、处理、保存和提供用于移植的人体细胞、组织或器官的费用。我国献血法第 14 条规定:“公民临床用血时只交付用于血液的采集、储存、分离、检验等费用;具体收费标准由国务院卫生行政部门会同国务院价格主管部门制定。无偿献血者临床需要用血时,免交前款规定的费用;无偿献血者的配偶和直系亲属临床需要用血时,可以按照省、自治区、直辖市人民政府的规定免交或者减交前款规定的费用。”为防止人体买卖的其他管理性规则,如移植的程序性规则、分配的具体规则等,由其他特别法具体规定。

第一千零八条　为研制新药、医疗器械或者发展新的预防和治疗方法,需要进行临床试验的,应当依法经相关主管部门批准并经伦理委员会审查同意,向受试者或者受试者的监护人告知试验目的、用途和可能产生的风险等详细情况,并经其书面同意。

进行临床试验的,不得向受试者收取试验费用。

【释义】　本条是关于人体临床试验的规定。

人体临床试验,又称为人体试验,是指在病人或健康志愿者等受试者的人体上进行系统性研究,以了解新药、医疗器械或者发展新的预防和治疗方法的疗效与安全性。为研制新药、医疗器械或者发展新的预防和治疗方法,在研发阶段时,通常会先进行动物试验,动物试验通过之后进行人体试验。人体试验是确保其有效性和安全性必不可少的环节,对促进医疗科研事业的发展意义重大,因此,允许开展人体试验活动是必要的。但是,人体试验关系到受试者的生命健康,涉及其人格尊严,要符合伦理要求,有必要对此设定较为严格的条件。在世界范围内,1946 年的《纽伦堡法典》制定了人体实验的基本原则,作为国际上进行人体实验的行为规范。1964 年的《世界医学协会赫尔辛基宣言》(以下简称《赫尔辛基宣言》,之后历经多次修订,是以人体作为受试对象的生物医学研究的伦理原则。《法国民法典》第 16-6 条规定,不得对自愿就其人体进行医学实验、摘取器官或采取身体所生之物的人给予任何报酬。法国的《公共卫生法典》对此进行了更为细致的规定。加拿大《魁北克民法典》第 20、21、24、25 条对人体试验作出了细致的规定。《越南民法典》第 33 条第 2 款对此也作出了规定。我国目前也有相关的规范。例如,基本医疗卫生与健康促进法第 32 条第 3 款规定,开展药物、医疗器械临床试验和其他医学研究应当遵守医学伦理规范,依法通过伦理审查,取得知情同意。疫苗管理法第 16~18 条对疫苗的临床试验作出了规定,药品管理法第 19~23 条对药物的临床试验作出了规定。《医疗器械监督管理条例》《药物临床试验质量管理规范》《医疗器械临床试验质量管理规范》《干细胞临床研究管理办法(试行)》《涉及人的生物医学研究伦理审查办法》等也都对此进行了详细的规定。

经研究,为了保护人的生命和健康,维护受试者的人格尊严,尊重和保护受试者的合法权益,促进人体临床试验的规范开展,在综合考虑多方面意见的基础上,本法吸收了药品管理法和其他相关规定的内容,对人体试验予以规定。人体试验的伦理原则是公正、尊重人格、力求使受试者最大程度受益和尽可能避免伤害，具体包括知情同意、控制风险、免费和补偿、保护隐私、依法赔偿、特殊保护等，而其中的基础和首要前提是受试者的知情同意，体现了受试者对人体试验的自决权。

本条规定的主要内容如下：

第一，人体临床试验应当依法经相关主管部门批准并经伦理委员会审查同意。例如，疫苗管理法第 16 条第 1 款规定，开展疫苗临床试验，应当经国务院药品监督管理部门依法批准。药品管理法第 19 条第 1 款规定了开展药物临床试验，应当经国务院药品监督管理部门批准。《医疗器械监督管理条例》第 19 条第 1 款规定，第三类医疗器械进行临床试验对人体具有较高风险的，应当经国务院食品药品监督管理部门批准。

同时，人体临床试验需经伦理委员会审查同意是保障受试者权益的主要措施之一。《赫尔辛基宣言》第 23 条中明确，在研究开始前，研究方案必须提交给相关的研究伦理委员会进行考量、评论、指导和批准。基本医疗卫生与健康促进法第 32 条第 3 款将通过伦理审查作为开展临床试验的必备程序。疫苗管理法、药品管理法、《药物临床试验质量管理规范》、《医疗器械临床试验质量管理规范》、《干细胞临床研究管理办法（试行）》等，也都对此进行了明确规定。关于伦理委员会的职责、组成、伦理审查的具体程序、监督管理等问题，由特别法予以规定。

第二，受试者享有是否参加试验的自主决定权。基于受试者的人格尊严，应当尊重和保护受试者的合法权益，尊重和保障受试者是否参加研究的自主决定权。《赫尔辛基宣言》第 25 条中明确规定，有给予知情同意行为能力的人作为受试者参加医学研究必须是自愿的。虽然征询家庭成员或社区领导人的意见可能是合适的,但除非有提供知情同意行为能力的受试者本人自由同意,否则他/她不可以被征召参加医学研究。基本医疗卫生与健康促进法第32条第3款规定,开展药物、医疗器械临床试验和其他医学研究应当遵守医学伦理规范,依法通过伦理审查,取得知情同意。药品管理法第21条、疫苗管理法第18条都规定了受试者的知情同意权。药品管理法、《药物临床试验质量管理规范》、《医疗器械临床试验质量管理规范》、《干细胞临床研究管理办法(试行)》等也对此进行了明确的规定。《赫尔辛基宣言》第30条规定了知情同意的例外情形:受试者在身体或精神上无给予知情同意的行为能力,例如无意识的患者,那么仅当阻止其不能给出知情同意的身体或精神上的状况是该研究人群所必需的特征时,涉及这类受试者的研究才可以进行。在这种情况下,医生必须从合法授权代表处征得知情同意。如果没有这样的代表且该研究不能被推迟,若在研究方案中已经阐明纳入因某种状况而无法给予知情同意的受试者的特殊理由,且该研究已经被研究伦理委员会批准,那么这项研究可以在没有知情同意的情况下进行。应尽快从受试者或其合法授权代表处征得继续参与这项研究的同意。《药物临床试验质量管理规范》第23条第11项规定:"紧急情况下,参加临床试验前不能获得受试者的知情同意时,其监护人可以代表受试者知情同意,若其监护人也不在场时,受试者的入选方式应当在试验方案以及其他文件中清楚表述,并获得伦理委员会的书面同意;同时应当尽快得到受试者或者其监护人可以继续参加临床试验的知情同意。"

同时,应当允许受试者在任何阶段无条件退出研究。例如,《赫尔辛基宣言》第26条中明确规定,必须告知潜在的受试者,他们有权拒绝参加研究,或有权在任何时候撤回参与同意而不受报复。《药物临床试验质量管理规范》第18条第4项就规定,受试者可以无理由退出临床试验。《医疗器械临床试验质量管理规范》第25条也规定,受试者有权在临床试验的任何阶段退出并不承担任何经济责任。

第三,受试者同意参加临床试验的意愿必须真实合法。这首先意味着任何组织或者个人不得使用欺骗、利诱、胁迫等手段使受试者同意参加研究。《赫尔辛基宣言》第27条进一步明确:在征得参与研究的知情同意时,如果潜在受试者与医生有依赖关系,或者可能在胁迫下同意,医生应该特别谨慎。在这些情形下,应该由一位完全独立于这种关系的具有合适资质的人员去征得知情同意。《医疗器械临床试验质量管理规范》第15条规定,申办者应当避免对受试者、临床试验机构和研究者等临床试验参与者或者相关方产生不当影响或者误导。临床试验机构和研究者应当避免对受试者、申办者等临床试验参与者或者相关方产生不当影响或者误导。第16条规定,申办者、临床试验机构和研究者不得夸大参与临床试验的补偿措施,误导受试者参与临床试验。

其次意味着,应当依法告知试验目的、用途和可能产生的风险等详细情况,以使得受试者充分了解后表达同意的意愿。《赫尔辛基宣言》第26条中明确:在涉及有给予知情同意行为能力的人类受试者的医学研究中,每个潜在的受试者都必须被充分告知研究目的、方法、资金来源、任何可能的利益冲突、研究者所属单位、研究的预期受益和潜在风险、研究可能引起的不适,研究结束后保障以及任何其他研究相关方面内容。必须告知潜在的受试者,他们有权拒绝参加研究,或有权在任何时候撤回参与同意而不受报复。应该特别留意潜在个体受试者的特殊信息要求和传递该信息所用的方式。药品管理法第21条中规定,实施药物临床试验,应当向受试者或者其监护人如实说明和解释临床试验的目的和风险等详细情况。《药物临床试验质量管理规范》第23条据此作出了更细致的规定。《医疗器械临床试验质量管理规范》《干细胞临床研究管理办法(试行)》等也都有明确的规定。这要求必须告知受试者必要、完整的信息,并以受试者能够理解的语言文字表达。研究者应当给予受试者充分的时间理解知情同意书的内容。在心理学研究中,因知情同意可能影响受试者对问题的回答,从而影响研究结果的准确性的,研究者可以在研究完成后充分告知受试者并获得知情同意书。试验期间,受试者可随时了解与其有关的信息资料。当出现研究方案、范围、内容发生变化的,或者研究过程中发生其他变化等情形时,研究者应当再次获取受试者签署的知情同意书,例如,《药物临床试验质量管理规范》第23条第2项规定,研究者获得可能影响受试者继续参加试验的新信息时,应当及时告知受试者或者其监护人,并作相应记录。

第四,知情同意权由受试者或者其监护人依法行使。如果受试者是完全民事行为能力人,能够单独有效地行使知情同意权。但是,在受试者不具备完全的民事行为能力时,情况比较复杂,本法仅作出了原则性规定,具体由特别法进一步规定。《赫尔辛基宣言》第29条规定,当一个被认为无给予知情同意行为能力的潜在受试者同意并决定参与研究时,医生必须额外征得合法授权代表的同意。潜在受试者的异议应该得到尊重。疫苗管理法第18条规定,开展疫苗临床试验,应当取得受试者的书面知情同意;受试者为无民事行为能力人的,应当取得其监护人的书面知情同意;受试者为限制民事行为能力人的,应当取得本人及其监护人的书面知情同意。《药物临床试验质量管理规范》第23条第10项规定,受试者为无民事行为能力的,应当取得其监护人的书面知情同意;受试者为限制民事行为能力的人的,应当取得本人及其监护人的书面知情同意。当监护人代表受试者知情同意时,应当在受试者可理解的范围内告知受试者临床试验的相关信息,并尽量让受试者亲自签署知情同意书和注明日期。第14项规定,儿童作为受试者,应当征得其监护人的知情同意并签署知情同意书。当儿童有能力作出同意参加临床试验的决定时,还应当征得其本人同意,如果儿童受试者本人不同意参加临床试验或者中途决定退出临床试验时,即使监护人已经同意参加或者愿意继续参加,也应当以儿童受试者本人的决定为准,除非在严重或者危及生命疾病的治疗性临床试验中,研究者、其监护人认为儿童受试者若不参加研究其生命会受到危害,这时其监护人的同意即可使患者继续参与研究。在临床试验过程中,儿童受试者达到了签署知情同意的条件,则需要由本人签署知情同意之后方可继续实施。《医疗器械临床试验质量管理规范》第23条也作出了类似规定。基本的共识是,受试者具有一定自主决定能力或者具有限制民事行为能力,除了监护人的同意之外,还需要考虑受试者本人的意愿,需要取得受试者本人的同意。

应当注意的是,本条仅对知情同意作出规定,未涉及其他层面,需由其他特别规范予以进一步规定。例如,《赫尔辛基宣言》第28条规定:对于一个无给予知情同意行为能力的潜在受试者,医生必须从合法授权的代表处征得知情同意。不可将这些人纳入他们不可能受益的研究中，除非这项研究意在促进这些潜在受试者所代表人群的健康，不能由有给予知情同意行为能力的人替代进行，而且仅有最低程度的风险和最低程度的负担。这意味着无同意能力的受试者参加临床试验应当符合其本身利益，《药物临床试验质量管理规范》第23条、《医疗器械临床试验质量管理规范》第23条等也具有相同的规定。

第五，知情同意必须是书面形式。参加人体试验可能对受试者人体造成损害，涉及生命权、身体权、健康权等最基本的人格权利，同时要确定同意参加的意愿是真实的，因此应当对知情同意的形式严格限制为书面形式。这也是我国现行有关规范的共识。

第六，进行临床试验的，不得向受试者收取试验费用。这是总结了我国现行的相关规范而作出的规定。例如，《药物临床试验质量管理规范》第39条规定，申办者应当免费向受试者提供试验用药品，支付与临床试验相关的医学检测费用。《医疗器械临床试验质量管理规范》第65条、《干细胞临床研究管理办法（试行）》第6条也作出了同样的规定。

第一千零九条　从事与人体基因、人体胚胎等有关的医学和科研活动，应当遵守法律、行政法规和国家有关规定，不得危害人体健康，不得违背伦理道德，不得损害公共利益。

【释义】　本条是关于与人体基因、人体胚胎等有关的医学和科研活动的规定。

与人体基因有关的医学和科研活动，包括基因鉴定、基因制药、基因诊断、基因治疗、基因编辑、基因克隆等。与人体胚胎有关的医学和科研活动,包括与人体胚胎干细胞等有关的治疗性研究和生殖性研究。与人体基因和胚胎等有关的医学和科研活动是生命科学研究的重要组成部分,将极大地改变人类生命和生活的面貌,为改善个人和全人类的健康状况开辟了广阔的前景。但是,这些活动可能带来人体生命健康安全和伦理道德方面的风险,甚至对人类产生重大的潜在危险。联合国自1997年起陆续通过了《世界人类基因组与人权宣言》(1997)、《国际人类基因数据宣言》(2003)、《世界生物伦理和人权宣言》(2005)、《联合国关于人的克隆的宣言》(2005)等一系列国际公约,意在尊重基本人权和遵守伦理道德的基础上促进相关领域的科学进步。在我国,科学技术进步法第29条规定,国家禁止危害国家安全、损害社会公共利益、危害人体健康、违反伦理道德的科学技术研究开发活动。除此之外,还有其他一些法律作出了相关规定,如《中华人民共和国人类遗传资源管理条例》《人胚胎干细胞研究伦理指导原则》等。整体而言,我国在生命科学领域的研究水平也在迅速提升,急需相应的法律规范及管理体系与之配套。为了使我国与人体基因、人体胚胎等有关的医学和科研活动符合生命伦理规范,保证国际公认的生命伦理准则和我国的相关规定得到尊重和遵守,促进这些活动的规范有序发展,本条规定了从事与人体基因、人体胚胎等有关的医学和科研活动的法律底线。

本条规定主要包括以下内容:

第一,尊重人格尊严。从事与人体基因、人体胚胎等有关的医学和科研活动,必须建立在尊重人格尊严的基础上,具体包括:一是禁止基于个人遗传特征的歧视;二是禁止对自然状态下的人类基因组或者胚胎进行商业化利用;三是要求人类基因数据等在使用时，不得用于意在侵犯或造成侵犯某一个人的人权、基本自由或人类尊严的歧视的目的或导致对某一个人、家庭、群体或社区造成任何侮辱的目的；四是强调个人的利益和福祉应高于单纯的科学利益或者社会利益等。

这同时意味着，应当禁止违背人格尊严、生命保护的一切行为。从事与人体基因、人体胚胎等有关的医学和科研活动，应当以治疗疾病和提升人类福祉为目的，不得危及特定人员和全人类的健康利益。禁止生殖性克隆等违背人格尊严的遗传工程技术的研究和应用。禁止买卖人类遗传资源、配子、受精卵、胚胎或胎儿组织等行为。反对生殖性研究。禁止非医学需要的胎儿性别鉴定和选择性别的人工终止妊娠。例如，人口与计划生育法第35条规定，严禁利用超声技术和其他技术手段进行非医学需要的胎儿性别鉴定；严禁非医学需要的选择性别的人工终止妊娠。又如，《中华人民共和国人类遗传资源管理条例》第10条第1款，《人胚胎干细胞研究伦理指导原则》第4条、第6条、第7条的规定等。

第二，尊重知情同意权。从事与人体基因、人体胚胎等有关的医学和科研活动，应当尊重人们在负责并尊重他人自主权的前提下自己作出决定的自主权，事先征得有关人员自愿、知情和明确表示的同意，向其提供清楚、公正、充分和适当的信息。对没有能力行使自主权的人应采取特殊措施保护他们的权益。当事人可以在任何时候、以任何理由撤销其同意。例如，《中华人民共和国人类遗传资源管理条例》第12条规定，采集我国人类遗传资源，应当事先告知人类遗传资源提供者采集目的、采集用途、对健康可能产生的影响、个人隐私保护措施及其享有的自愿参与和随时无条件退出的权利，征得人类遗传资源提供者书面同意。在告知人类遗传资源提供者前款规定的信息时,必须全面、完整、真实、准确,不得隐瞒、误导、欺骗。《人胚胎干细胞研究伦理指导原则》第 8 条也对知情同意权作出了规定。

第三,尊重当事人的隐私,保护相关的个人信息。从事相关活动时,应尊重当事人的隐私,对与个人有关的遗传信息应加以保密。尽最大可能使这类信息只用于收集或者同意提供该信息的初始目的,不能为了其他目的而使用或披露这类信息,不应非法向他人披露或者允许他人查询。遵守要切断可识别性原则,原则上不应保持与可识别的个人的关联。例如,《中华人民共和国人类遗传资源管理条例》就对此作出了一些规定。

第四,正当程序等保障。包括研究活动的专业谨慎、诚实正直与决策的透明理性,伦理委员会的评估,利益共享,团结互助与国际合作。只有为了维护公众安全,对刑事犯罪进行调查、侦查和提出起诉,以及为了保护公众健康或者保护其他人的权利和自由,在法律规定了特定权限和特定程序的情况下,才可对上述原则加以限制。

第一千零一十条　违背他人意愿,以言语、文字、图像、肢体行为等方式对他人实施性骚扰的,受害人有权依法请求行为人承担民事责任。

机关、企业、学校等单位应当采取合理的预防、受理投诉、调查处置等措施,防止和制止利用职权、从属关系等实施性骚扰。

【释义】 本条是关于性骚扰的规定。

性骚扰行为会影响受骚扰者的学习、工作和生活，侵害人格尊严、自由，损害其形象和自尊，严重的性骚扰甚至造成被骚扰者的恐惧、自闭和盲目依赖，还可能涉及社会中的性别歧视，引起社会的较大关注。各个国家和地区都对性骚扰予以规定。有些国家和地区制定了反性骚扰的特别立法，如哥斯达黎加、法国、以色列、卢森堡、菲律宾、我国台湾地区等。有的针对工作场合的性骚扰予以特别规定，例如德国的《工作场所性骚扰受雇人保护法》，印度《工作场所对妇女性骚扰（预防、禁止与矫正）法案》，《法国劳动法典》、《加拿大劳动法》、《新西兰劳动法》和我国台湾地区“两性工作平等法”也对性骚扰予以规定。有的在其他特别法中予以规定，如《瑞士联邦男女平等法》。在我国，妇女权益保障法第40条规定，禁止对妇女实施性骚扰。受害妇女有权向单位和有关机关投诉。治安管理处罚法第42条第5项和第44条中规定，多次发送淫秽信息，干扰他人正常生活的，或者猥亵他人、在公共场所故意裸露身体的，应当受到治安管理处罚。《女职工劳动保护特别规定》第11条规定，在劳动场所，用人单位应当预防和制止对女职工的性骚扰。各地通过性别平等促进条例、妇女权益保障条例等不同形式和效力层级的规定反对性骚扰。最高人民法院也在2018年将“性骚扰责任纠纷”作为新增加的民事案件案由，在司法实践中提高受害人诉讼的可能性和力度。

经研究，对性骚扰行为，需要各个领域和各个层次的法律，共同形成相互协调、相互补充的多层次综合治理机制，其中民法的方式必不可少，其能够为防制性骚扰奠定坚实的法律基础，为受害人提供民法上的救济。据此，本法在总结既有立法和司法实践经验的基础上,对性骚扰问题予以回应,明确了性骚扰的认定标准,并规定了相应的行为义务。

性骚扰行为可能采取触碰受害人身体私密部位的行为方式,这会涉及身体权;也可能采取言语、文字、图像等方式,影响受害人心理健康甚至身体健康,这会涉及健康权。在立法过程中,对性骚扰行为侵害的是受害人的何种权利存在争论。有的认为,性骚扰行为的形式多种多样,不同的形式可能侵犯的是不同的人格权,涉及身体权、健康权、隐私权和名誉权甚至自由权等。有的认为,性骚扰行为侵害的是独立的性自主的权利,该权利具有人身自由和精神自由的双重因素,无法简单地为上述权利所涵盖,甚至上述权利的侵害仅仅是性骚扰的二次结果。很多国家和地区规定了性自主的权利,例如《德国民法典》第253条第2款规定了侵害性的自我决定,受害人可以请求精神损害赔偿。但是,不同观点的共识在于性骚扰的侵害行为侵害了他人的人格尊严,构成了人格权的侵害行为。

首先,本条第1款规定了性骚扰的一般性构成。考虑到民法典是民事基本法,为了适应社会的发展变化,本款仅对性骚扰规定了一般性的构成要件,但未对何为性骚扰作具体的界定,这些可以留给特别法和司法实践处理。根据实践的情形,性骚扰一般包括以下条件:

(1)性骚扰中受害人是所有的自然人。实践中,性骚扰的受害人多为女性,妇女权益保障法第40条也仅规定了禁止对妇女实施性骚扰。但是,本款所规定的性骚扰不区分性别、年龄,无论是男性还是女性、成年人还是未成年人都可能成为性骚扰的受害人,也不区分行为人与受害人是同性还是异性。

(2)行为与性有关。行为人具有性意图,以获取性方面的生理或者心理满足为目的。一些国家和地区的性骚扰还涉及性别歧视。虽然很多性骚扰行为是基于性别歧视的观念作出的,但是,考虑到反对性别歧视属于宪法第48条所规定的男女平等以及本法所规定的人格尊严保护的内容,因此,本款的适用强调性骚扰行为与性有关。在实践中,具体的方式是多种多样的,包括言语、文字、图像、肢体行为等。例如,故意触摸碰撞他人的私密部位,强迫拥抱或者接吻,裸露自己身体的私密部位,用与性有关的肢体动作或下流语言挑逗,发送带有性内容或者与性有关的语音、文字、图片、声像、电子信息等。

(3)性骚扰构成的核心是违背他人意愿。性骚扰与两厢情愿的调情、约会等相区分,是因为此类行为违背了他人意愿。有观点认为,判断性骚扰的关键并非该行为是否违背了受害人的意愿,而在于该行为是否是不受欢迎的。此种观点是从行为角度界定,违背他人意愿是从受害人角度界定,迫于压力表现为自愿的行为,事实上是违背受害人意愿的。受害人表示厌恶、反感、明确拒绝、警告或以反抗行为表示拒绝,都可以认定为违背他人意愿。曾经愿意进行与两性内容相关的交流或者接触,但后来表示不愿意延续的,如果继续纠缠不休,也可以认定为违背他人意愿。

(4)行为一般具有明确的针对性。性骚扰行为所针对的对象一般是具体的、明确的,此时才可能会承担民事责任。无论是长时间还是短时间的性骚扰,均是针对某个具体的对象。行为是否具有明确的针对性,要在个案中结合具体情况加以判断。

(5)行为人主观上一般是故意的。在公共汽车、地铁等场所因为紧急刹车、拥挤等原因过失地接触他人身体甚至敏感部位等行为，不构成性骚扰，因错写手机号码或者邮件地址，将包含两性内容的短信或邮件误发他人，也不构成性骚扰。

其次，本条第1款同时规定，如果行为人实施性骚扰行为，受害人有权依法请求行为人承担民事责任。受害人有权依法请求行为人承担民事责任，这意味着，如果本法和其他法律的规定对行为人承担民事责任，要求具备其他的责任构成要件，或者进一步对责任后果予以细致规定的，应当依照其规定。例如，如果受害人依据本法第1165条第1款请求行为人承担侵权责任的，还应当具备该款要求的损害和因果关系等要件。受害人请求精神损害赔偿的，应当符合本法第1183条第1款的规定，即“侵害自然人人身权益造成严重精神损害的，被侵权人有权请求精神损害赔偿”。

本条第1款是对性骚扰的一般性规定。但是，在实践中，利用职权、从属关系的性骚扰情形较多，此种性骚扰并非只能发生于工作场所，也可能发生在工作场所之外，行为方式也是多样的，比较典型的方式，例如，利用职务、从属关系以明示或者暗示方式对他人施加压力，向他人索取性服务，或者以录用、晋升、奖励等利益作为交换条件，诱使他人提供性方面的回报。因此，本条第2款针对此种情形，特别规定了机关、企业、学校等单位的义务。

依照本条第2款规定，一方面，这些单位负有为防止和制止利用职权、从属关系等实施性骚扰而采取措施的义务。这是因为这些单位对其工作人员具有一定的管理和控制能力，使单位负有相应的义务，能够在一定程度上防止和制止性骚扰的发生和继续发生，也有助于建立多元化的性骚扰纠纷解决机制。

另一方面，这些单位应当采取合理的预防、受理投诉、调查处置等措施。这些措施涵盖了事前的预防、事中的受理投诉和事后的调查处置各个层面。例如,提供安全的工作环境,告知性骚扰的惩罚机制及救济程序机制,为调查提供必要的信息,为受害人提供相应的协助等。这些措施也必须是合理的。措施的合理性需要在个案中结合多个因素予以考量。

应当注意的是,单位除应当负有采取合理措施防止和制止利用职权、从属关系等实施性骚扰的义务,也负有采取合理措施防止和制止其他性骚扰的义务。例如,单位的客户到单位对单位的工作人员实施性骚扰,单位也负有采取合理措施的义务。当单位未尽到采取合理措施的义务的,受害人有权依照本法和其他法律的规定请求单位承担民事责任。

第一千零一十一条　以非法拘禁等方式剥夺、限制他人的行动自由,或者非法搜查他人身体的,受害人有权依法请求行为人承担民事责任。

【释义】　本条是关于非法剥夺、限制他人行动自由和非法搜查他人身体的规定。

宪法第 37 条规定,中华人民共和国公民的人身自由不受侵犯。任何公民,非经人民检察院批准或者决定或者人民法院决定,并由公安机关执行,不受逮捕。禁止非法拘禁和以其他方法非法剥夺或者限制公民的人身自由,禁止非法搜查公民的身体。这是宪法关于人身自由的规定。据此,刑法、刑事诉讼法、行政处罚法、治安管理处罚法、妇女权益保障法等法律对保障人身自由也有相关规定。本法第 109 条也规定了自然人的人身自由受法律保护。为进一步落实宪法的规定和精神,加强对自然人人身自由的保护,协调与其他法律相关规定之间的关系,本条规定了非法剥夺、限制他人行动自由和非法搜查他人身体的,受害人有权依法请求行为人承担民事责任。

首先是非法剥夺、限制他人行动自由。本条所谓的行动自由,指的是身体行动的自由,不包括意志的自由或者精神活动的自由。非法剥夺、限制他人行动自由在实践中的方式多种多样,如非法拘禁、非法逮捕、拘留、非法绑架,非法强制住院治疗等。英美法中,甚至在受害人因睡眠、醉酒等原因陷入无意识状态时被监禁也构成侵害行动自由。

同时,剥夺、限制他人行动自由必须是非法的。例如,刑事诉讼法第84条规定,对于有下列情形的人,任何公民都可以立即扭送公安机关、人民检察院或者人民法院处理:(1)正在实行犯罪或者在犯罪后即时被发觉的;(2)通缉在案的;(3)越狱逃跑的;(4)正在被追捕的。如果行为人据此依法扭送他人的,则不是非法剥夺、限制他人行动自由。实施合法的正当防卫、紧急避险或者自助行为而限制他人行动自由的,也不是非法的。

同样,如果国家机关依据法律规定的权限和程序限制或者剥夺他人人身自由的,也不构成非法剥夺或者限制他人行动自由。逮捕和其他限制人身自由的强制措施及处罚,只能由法律规定。宪法第37条第2款明确规定,任何公民,非经人民检察院批准或者决定或者人民法院决定,并由公安机关执行,不受逮捕。依照立法法第8条第5项规定,限制人身自由的强制措施和处罚只能制定法律。据此,刑法、刑事诉讼法、行政处罚法、行政强制法、精神卫生法、传染病防治法、禁毒法等法律对剥夺和限制他人人身自由作出了相关规定。例如,刑事诉讼法第302条规定,实施暴力行为,危害公共安全或者严重危害公民人身安全，经法定程序鉴定依法不负刑事责任的精神病人，有继续危害社会可能的，可以予以强制医疗。行政强制法第20条规定，依照法律规定实施限制公民人身自由的行政强制措施，除应当履行行政强制法第18条规定的程序外，还应当遵守下列规定：(1)当场告知或者实施行政强制措施后立即通知当事人家属实施行政强制措施的行政机关、地点和期限；(2)在紧急情况下当场实施行政强制措施的，在返回行政机关后，立即向行政机关负责人报告并补办批准手续；(3)法律规定的其他程序。实施限制人身自由的行政强制措施不得超过法定期限。实施行政强制措施的目的已经达到或者条件已经消失，应当立即解除。再如，传染病防治法第39条第1款、第2款规定，医疗机构发现甲类传染病时，应当及时采取下列措施：(1)对病人、病原携带者，予以隔离治疗，隔离期限根据医学检查结果确定；(2)对疑似病人，确诊前在指定场所单独隔离治疗；(3)对医疗机构内的病人、病原携带者、疑似病人的密切接触者，在指定场所进行医学观察和采取其他必要的预防措施。拒绝隔离治疗或者隔离期未满擅自脱离隔离治疗的，可以由公安机关协助医疗机构采取强制隔离治疗措施。禁毒法第38条第1款、第2款规定，吸毒成瘾人员有下列情形之一的，由县级以上人民政府公安机关作出强制隔离戒毒的决定：(1)拒绝接受社区戒毒的；(2)在社区戒毒期间吸食、注射毒品的；(3)严重违反社区戒毒协议的；(4)经社区戒毒、强制隔离戒毒后再次吸食、注射毒品的。对于吸毒成瘾严重，通过社区戒毒难以戒除毒瘾的人员，公安机关可以直接作出强制隔离戒毒的决定。

其次是非法搜查他人身体。在实践中，有些超市、商场等发生了非法搜查他人身体的行为，这些行为往往以限制行动自由为前提,同时涉及自然人对自己身体的权利,侵害了自然人的人格尊严。非法搜查他人身体,必须是对他人身体的搜查。如果是非法搜查他人住宅等,不适用本条,可以适用本法关于隐私权的规定。同时搜查身体的行为必须是非法的。如果是依照刑事诉讼法等法律的规定对他人身体进行搜查,不构成非法搜查他人身体。

本条进一步规定,以非法拘禁等方式剥夺、限制他人的行动自由,或者非法搜查他人身体的,受害人有权依法请求行为人承担民事责任。受害人有权依法请求行为人承担民事责任,这意味着,如果本法和其他法律的规定对行为人承担民事责任,要求具备其他的责任构成要件,或者进一步对责任后果予以细致规定的,应当依照其规定。例如,如果受害人依据本法第 1165 条第 1 款请求行为人承担侵权责任的,还应当具备该款要求的损害和因果关系等要件。受害人请求精神损害赔偿的,应当符合本法第 1183 条第 1 款"侵害自然人人身权益造成严重精神损害的,被侵权人有权请求精神损害赔偿"的规定。

第三章　姓名权和名称权

本章是关于姓名权和名称权的规定,共 6 条,对自然人姓名权和法人、非法人组织名称权的内容,自然人取姓的规则,对姓名权和名称权的保护,对笔名、艺名、网名、译名、字号、姓名和名称的简称等的保护等内容作了规定。

第一千零一十二条　自然人享有姓名权，有权依法决定、使用、变更或者许可他人使用自己的姓名，但是不得违背公序良俗。

【释义】　本条是关于姓名权内容的规定。

(一)立法背景

姓名是一个自然人在社会中区别于其他人的标志和符号。姓名的产生是与社会的形成密不可分的，人作为社会中的一员，需要与社会中的其他成员进行社会交往，产生各种各样的关系，进行社会交往就需要让成员之间能相互区别开来，姓名就是为了适应这种社会交往而产生的。

姓名对于社会中的自然人来说意义极为重大。一是社会生活的需要。在姓名出现前，人们在社会交往中要进行个体识别较为困难，而姓名的出现则解决了这一难题，方便了人们的交往。二是具有一定身份定位的功能。姓名由姓氏和名字组成。姓在早期代表了某一自然人的血缘和家族的归属，现在仍是特定群体遗传关系的重要记号之一，而名则既是家族成员辈分的体现，也是该自然人的个人符号。在早期，姓名的身份定位功能极强，例如封建社会中帝王贵族的姓氏就是身份的象征，普通百姓不能随意使用这样的姓氏。随着封建等级社会的灭亡和社会的发展，姓名的这种具有极强身份属性的功能逐渐减弱。但是姓名的身份定位功能仍在一定程度上存在和体现于家族和亲属之间。因此，从这个意义上讲，姓名是一个家族成员的共同纽带，有利于维护家族成员的精神情感和身份认同。三是具有重要的法律意义。从民法的角度讲，一个自然人拥有姓名后以姓名为标记，使自己与社会中的其他成员相区别,享受权利,承担义务,如可以使自己签订合同、行使所有权等权利更为简单容易;可以使自己的尊严得到更好的彰显,个性可以得到更好的发展,个人的名誉可以得到更好的维护,等等。从公法的角度看,由于姓名具有极强的表征功能,每一个姓名就代表着一个自然人,因此姓名的出现可以使国家对社会的管理更方便,现在的户籍管理制度、身份证管理制度和人事档案制度等管理制度都是建立在姓名的基础上。也正因为姓名对于一个自然人的重要性,近现代不少国家和地区都将姓名权作为一种重要的民事权利加以规定。例如,《德国民法典》第12条明确规定了自然人享有姓名权,《瑞士民法典》第29~30条规定了姓名权,《日本民法典》和我国台湾地区"民法"也规定了姓名权。我国1986年颁布的民法通则第99条第1款就规定:"公民享有姓名权,有权决定、使用和依照规定改变自己的姓名,禁止他人干涉、盗用、假冒。"这是我国第一次从民事基本法的角度明确了姓名权作为一种重要民事权利的地位。在这次编纂民法典过程中,各方对在民法典中规定姓名权没有异议,但是对姓名权的权利属性却持不同意见,有的认为姓名权是一种人格权,有的认为姓名权是一种身份权。经反复研究认为,姓名是自然人生理属性、社会属性的代号和标志,虽然在现代社会仍具有一定的身份属性,但是姓名的这种身份属性已经较弱,既不能体现身份等级,也不能完全凭借一个人的姓名来判断一个人的血缘关系和家族来源。与之相反,姓名作为一个自然人在社会中的符号标志,赋予自然人对自己的姓名享有权利,是确定和彰显自己权利主体地位和权利归属的需要,有无独立的姓名权也是自然人人格是否独立的重要标志,取得独立的姓名权就意味着一个自然人作为一个独立的民事主体存在于社会中。此外,一个自然人的姓名被社会认可后,姓名还包含了其在社会中的信誉、品德、贡献等社会评价,在一定程度上也体现了其自我人格追求,是其能力、品德等自然因素和社会因素的集中体现,代表一种人格利益,对一个自然人姓名权的侵犯就会对这个人的人格尊严造成损害,所以对一个自然人姓名权的维护就是对一个人人格尊严的维护。

(二)对本条规定的理解

基于前述考虑,民法典在继承我国民法通则规定的基础上明确将姓名权作为一种重要的具体人格权纳入人格权编,并明确规定,自然人享有姓名权。该规定有以下几层含义:一是姓名权的主体只能是自然人。根据民法典总则编的规定,我国的民事主体包括自然人、法人和非法人组织三类。法人或者非法人组织享有的是名称权,不享有姓名权,姓名权专属于自然人。二是任何一个自然人都享有姓名权。每个自然人自出生之时就享有这种权利,有权依法决定、使用、变更或者许可他人使用自己的姓名,任何组织和个人都无权剥夺自然人的权利,也不得以干涉、盗用、假冒等方式侵害自然人的姓名权。三是任何一个自然人都平等地享有姓名权。自然人对姓名权的享有不因民族、性别、年龄等因素的不同而有差别,也不因民族、性别、年龄等因素的不同而受到不同保护。

对于姓名权的内容是什么,如何规定姓名权的内容,理论界一直有两种观点:一是概括式定义法,即用抽象定义的方式规定姓名权是自然人对姓名所享有的法律利益,不对姓名权的具体权能进行列举。这种定义方式的优点是具有开放性,能够随着社会的发展而调整姓名权领域不断出现的新情况、新问题,但缺点是过于抽象,不利于操作。二是列举式定义法,即将姓名权的具体权能列举出来。这种定义方式的缺点是弹性不足,但优点是稳定具体,易于把握,实践操作性强。我国民法通则第99条第1款采纳了第二种定义方式,明确规定,公民有权决定、使用和依照规定改变自己的姓名。从实践情况看,这种定义方式符合我国的现实,也符合司法实践的需要。本次民法典编纂延续了这种方式,明确规定,自然人有权依法决定、使用、变更或者许可他人使用自己的姓名。但是与民法通则的规定相比,有两个变化:一是增加了一种姓名权的权能,即自然人有权依法许可他人使用自己的姓名;二是民法通则只强调了改变自己姓名需要依照规定,而本次编纂中考虑到本章第1015条的规定以及居民身份证法、《中华人民共和国户口登记条例》等法律法规对姓名的决定、变更、使用都有一定规范,所以本条强调,自然人虽然有权决定、使用、变更或者许可他人使用自己的姓名,但都应当依法进行。这里强调的"依法"决定、使用、变更主要是针对正式姓名而言的,即国家居民身份证、户籍登记、人事档案等法定文件或者记录中的姓名。对于非正式姓名,如笔名、艺名等则不需要遵循本法和其他法律法规所规定的强制性规则,例如一个人的笔名不需要随父姓或者母姓,也不需要到户籍登记部门进行登记。根据本条的规定,姓名权的内容主要包括四项权能:

一是决定姓名的权能。一个自然人有权决定自己的姓名是姓名权最为基本的内容,是自然人人格发展和自我决定的重要表现形式,也是其变更、使用或者许可他人使用自己姓名的前提和基础,任何组织或者个人不得非法干预。需要强调的是,自然人有权决定自己的姓名,但这种决定权应当依法进行。"依法决定"体现在以下几个方面:一是对姓氏的选择应当依法进行。民法典第 1015 条对姓氏的选取规则作了明确规定。根据该条规定，自然人应当随父姓或者母姓，但是有下列情形之一的，可以在父姓和母姓之外选取姓氏：(1)选取其他直系长辈血亲的姓氏；(2)因由法定扶养人以外的人扶养而选取扶养人姓氏；(3)有不违背公序良俗的其他正当理由。少数民族自然人的姓氏可以遵从本民族的文化传统和风俗习惯。二是姓名的选取应当遵循一定的程序。本法第 1016 条规定，自然人决定、变更姓名的，应当依法向有关机关办理登记手续。根据有关规定，婴儿的姓名由父母、亲属、抚养人或者其他监护人在婴儿出生 1 个月内向婴儿常住地户口登记机关申报出生登记，并将其姓名记入户口登记簿，在户口登记簿上登记的姓名为正式姓名。因此，婴儿的姓名决定权由其监护人行使。这并非对姓名决定权能的否定，而是考虑到婴儿为无民事行为能力人，其无法自己亲自行使这项权能，根据本法总则编的相关规定，不满 8 周岁的未成年人为无民事行为能力人，由其法定代理人代理实施民事法律行为，无民事行为能力人的法定代理人是其父母等监护人。所以，婴儿的父母代为行使姓名决定权能是监护权和亲权的体现。

二是使用姓名的权能。使用自己的姓名是自然人享有姓名权的重要内容，也是姓名权的本质特征。姓名权人有权按照自己意志决定自己的姓名如何使用，在何处使用，例如可以允许商业公司以自己的姓名冠名某一场活动，或者冠名某一公司，任何组织或者个人不得干涉或者妨碍，也不得盗用或者假冒姓名权人的姓名。

三是变更姓名的权能。自然人有权变更自己的姓名是其姓名权的应有之义。自然人出生后，由于其为无民事行为能力人,其姓名由监护人决定,本人在具备完全民事行为能力后,有权对自己的姓名进行变更。但是自然人对姓名的变更权能不是任意行使的。一般情况下,权利人行使自己的权利只要不违反法律的强制性规定和违背社会的公序良俗即可。但是,自然人的姓名绝不仅仅是社会交往的符号,其与传统文化、婚姻形态、风俗习惯、价值观念、伦理道德等密切相关,还承载着代表个体、表明登记身份、规范婚姻和家庭秩序、文化传承、社会管理等诸多社会功能。自然人变更自己的姓名不但会影响自己的权利义务关系,例如影响权利义务关系的稳定性和连续性;也会对国家管理以及社会公共利益造成影响,例如变更姓名会增加对罪犯追查的难度,影响对失信人员的追责难度,也会助长借变更姓名逃避债务等。正是基于对公共利益的考虑,我国现行的居民身份证法、《中华人民共和国户口登记条例》等法律法规都对自然人变更姓名作了一定限制,要求自然人变更姓名要遵循一定的程序;民法通则第99条也专门规定,变更姓名应当"依照规定"进行。本法第1016条规定,自然人决定、变更姓名的,应当依法向有关机关办理登记手续。同行使姓名权的决定权能一样,变更姓氏同样需要遵循本法第1015条的规定,即自然人原则上应当随父姓或者母姓。从法律效力看,民事主体变更姓名、名称的,变更前实施的民事法律行为对其具有法律约束力。

四是许可他人使用自己的姓名的权能。本法第992条规定,人格权不得放弃、转让或者继承。姓名权作为一种重要的人格权,与自然人的人身密不可分,它本身不具有直接的财产内容,其确实不得放弃、转让或者继承。但是随着社会的发展,姓名商业利用问题日益突出,一些自然人姓名中的财产利益凸显,例如姚明作为著名的运动员,其姓名具有巨大的广告效应和商业价值。姓名权人在一定程度上可以对自己的姓名进行商业利用,允许他人使用自己的姓名并取得一定的经济收益,实践中这样的案件很多,例如袁隆平作为著名的科学家,其许可一家上市公司"隆平高科"使用自己的姓名作为公司名称的一部分。这里需要强调两点:一是姓名权人许可他人使用自己的姓名不是转让姓名权。姓名权作为一种人格权,本身与姓名权人不可分割,不可转让。姓名权人许可他人使用的是姓名中的非人格利益。二是许可他人使用并非指姓名在社会交往中的正常使用。对于人与人之间进行正常的社会交往使用他人的姓名,例如日常交往中称呼他人的姓名,会议举办方将与会人员的姓名打印成桌签等,不需要取得姓名权人的许可就可以使用。这里的姓名权人许可他人使用是指超出正常社会交往中的使用,例如使用他人的姓名打广告、促销,借用他人的名义召开会议等。

需要特别强调的是,根据本条规定,自然人虽享有姓名权,有权依法决定、使用、变更或者许可他人使用自己的姓名,但是自然人行使自己的姓名权不是绝对的,不是没有任何限制的。自然人在决定、使用、变更或者许可他人使用自己的姓名的过程中,不得违反法律、行政法规的相关规定,不得违背公序良俗。对于这一点,立法有一个变化发展的过程。民法典人格权编草案一审稿、二审稿、三审稿并没有特别强调自然人决定、使用、变更或者许可他人使用"不得违背公序良俗",当时的主要考虑是:民法典总则编第 8 条已明确规定,民事主体从事民事活动,不得违反法律,不得违背公序良俗。该条作为整个民法典的基本原则之一,普遍适用于民法典的各编,任何民事主体在从事民事活动，行使自己的民事权利时都应当遵循这一基本原则。此外，民法典总则编第 5 章第 132 条还特意规定，民事主体不得滥用民事权利损害国家利益、社会公共利益或者他人合法权益。自然人行使自己的姓名权毫无疑问也应当遵循这两条规定的内容。在民法典人格权编草案第四次向社会公开征求意见、常委会审议和 2020 年第十三届全国人民代表大会第三次会议审议中，不少意见提出，实践中，滥取姓、乱取名等违背公序良俗的现象时有发生，例如有的人将自己的姓名决定、变更为“奥巴马”、“特朗普”或者“姿三四郎”等，造成的社会影响很不好，建议针对这种现象作出有针对性的规定。民法典人格权编草案最终采纳了这一意见，明确强调，自然人决定、使用、变更或者许可他人使用自己的姓名不得违背公序良俗。

第一千零一十三条　法人、非法人组织享有名称权，有权依法决定、使用、变更、转让或者许可他人使用自己的名称。

【释义】　本条是关于法人、非法人组织名称权内容的规定。

（一）立法背景

名称是法人或者非法人组织在社会活动中用以代表自己并区别于其他法人或者非法人组织的文字符号和标记。其功能与意义和自然人的姓名类似，是法人或者非法人组织区别于其他民事主体的重要标识，是法人或者非法人组织从事民事活动的前提和基础。任何合法设立的法人或者非法人组织都享有名称权。

在编纂民法典过程中，有的提出，法人、非法人组织的名称权就是商号权，可以转让、继承，其给付标的为无体物，属于无形财产权，不宜在人格权编中规定。经研究认为，法人、非法人组织的名称权与商号权既有联系，又有区别。广义上的商号又称“商业名称”或者“字号”，是指企业等商事主体在从事生产、销售、服务等商业经营活动时所使用的名称，是区别不同商事主体的符号和标识。企业等商事主体要么属于民法典总则编规定的营利法人，要么属于营利的非法人组织。商号实际上属于本法规定的营利法人或者非法人组织的名称。名称的范围大于商号，其既包括商号，又包括非商事主体的名称，例如民法典总则编规定的非营利法人、特别法人和非营利的非法人组织的名称。对于商号权是否为人格权，这涉及名称权的性质问题。对此，理论界确有不同意见。但多数意见认为，名称权属于人格权。首先，名称权具有人格权的固有性、专属性、必备性等特征，尽管根据本条的规定，名称权可以转让，但没有改变其专属性的基本属性。其次，法人、非法人组织的人格体现在名称上。正如前文所述，法人、非法人组织只有具有名称，才能与其他民事主体相区别，这是体现其人格的最主要特征。最后，根据本编的规定，名称权虽具有一定的财产属性，但其只是名称权的派生性质，并非本质属性。基于上述考虑，我国民法通则第 99 条第 2 款就已将名称权作为人身权的一种加以明确规定，即“法人、个体工商户、个人合伙享有名称权。企业法人、个体工商户、个人合伙有权使用、依法转让自己的名称”。民法典延续民法通则的规定，将法人、非法人组织的名称权作为一种具体人格权纳入人格权编进行规定，同时对民法通则的规定加以修改完善。

（二）对本条含义的理解

本条规定，法人、非法人组织享有名称权，有权依法决定、使用、变更、转让或者许可他人使用自己的名称。根据该规定，名称权的内容包括以下五个方面：

一是决定名称的权能。法人、非法人组织对名称的权利首先体现为名称的决定权，即其有权决定本组织取什么样的名称。法人或者非法人组织通过决定名称对外表征其行业、组织形式等相关信息。但是法人或者非法人组织决定名称的权利是否不受任何限制呢？对于这个问题，境外立法有两种不同的做法：一种是真实主义，即法人选定的名称必须与经营内容和业务范围相一致，否则不予承认；另一种是自由主义，即法人名称如何确定，完全由当事人自由选择，法律不加限制，即使名称与法人的营业内容和业务范围没有关系也是允许的。这两种做法各有利弊。从我国目前的法律法规规定看，我国原则上采纳的是真实主义模式。例如，根据《基金会名称管理规定》第3条规定，基金会名称应当反映公益活动的业务范围，基金会的名称应当依次包括字号、公益活动的业务范围，并以“基金会”字样结束。公募基金会的名称可以不使用字号。根据《企业名称登记管理规定》第11条规定，企业应当根据其主营业务，依照国家行业分类标准划分的类型，在企业名称中标明所属行业或者经营特点。我国公司法、合伙企业法等法律对公司、合伙企业的名称设定也有相应的要求。即便如此，法人、非法人组织在法律规定的范围内仍有较大的自由选择空间。这里需要强调的是，根据民法典总则编第58条第1款、第2款的规定，法人应当依法成立。法人成立的实质要件是应当有自己的名称、组织机构、住所、财产或者经费。总则编对非法人组织的成立也有类似的要求。也就是说，法人、非法人组织的名称并非在法人、非法人组织成立后才决定，而是在成立前就决定的，一般是由法人、非法人组织的设立人行使这种决定权。例如，根据公司法的规定，公司的名称在公司完成设立前由设立人在设立阶段决定，而非由公司成立后决定。但这并不能因此否定法人、非法人组织的名称决定权，只是因法律法规对成立的要求，该决定权由设立人在设立阶段代法人、非法人组织行使这一权利，正如自然人出生时，其不能自己行使对姓名的决定权，只能由其父母代为行使对姓名的决定权的道理一样。

二是使用名称的权能。法人、非法人组织对自己的名称享有独占使用的权利，任何组织或者个人都不得非法干涉其使用，与自然人对自己姓名的使用不完全相同。在同一地区，法律并不禁止自然人取与其他自然人相同的姓名，但在同一地区，法律原则上不允许法人、非法人组织在同行业取相同的名称。例如根据原国家工商总局颁布的部门规章的规定，凡冠以市名或者县名的，在同一市、县范围内，同行业企业不得重名；凡冠以省名、自治区名而不冠以市名、县名的，在省、自治区范围内，同行业企业不得重名；凡使用“中国”“中华”等字样为企业名称的，在全国范围内，同行业企业不得重名。需要强调的是，法人、非法人组织对自己名称的独占使用，并不排除不同行业使用这一名称，但是使用时必须标明行业。

三是变更名称的权能。法人、非法人组织在使用名称过程中，有权按照自己的意愿变更自己的名称，任何组织或者个人不得非法干预。但是除法律、行政法规另有规定外，变更名称必须依照法定程序进行变更登记。例如，我国《公司登记管理条例》第26条规定，公司变更登记事项，应当向原公司登记机关申请变更登记。未经变更登记，公司不得擅自改变登记事项。名称属于公司的登记事项，公司变更名称的，应当办理变更登记。变更登记后,原名称就被依法撤销,法人、非法人组织应当在从事各项民事活动中使用新的名称,不得再继续使用原名称从事民事活动。

四是转让名称的权能。法人、非法人组织对其名称享有转让的权能,这是名称权与姓名权的重要区别。法人、非法人组织可以将其对名称享有的权利全部转让给其他法人、非法人组织,受让人成为该名称权的主体,转让人则丧失该名称权。需要指出的是,并非所有法人、非法人组织的名称权都可以转让,原则上只有营利法人或者营利非法人组织的名称权可以转让。对于营利法人、营利性非法人组织而言,名称权具有较强的财产性,其可以通过转让名称权获得转让费。对于名称权的转让,有两种观点:(1)绝对转让主义,即法人、非法人组织转让其名称时应当连同其营业同时转让,或者在其终止营业时转让名称。转让名称后,受让人独占该名称,原名称权人不再享有该名称。(2)相对转让主义,即法人、非法人组织可以将其名称权与其营业相分离而单独转让,并可以由多个民事主体使用同一名称,转让人也可以继续享有原名称的名称权。目前,主流观点认为,绝对转让主义更符合名称权转让的本质特征,也有利于更好地维护正常的社会经济秩序,更好地保护交易安全,更好地保护当事人的合法权益。实践中和现有立法也基本上采用了绝对转让主义,例如《企业名称登记管理规定》第23条规定,企业名称可以随企业或者企业的一部分一并转让。企业名称只能转让给一户企业。企业名称转让后,转让方不得继续使用已转让的企业名称。法人或者非法人组织转让名称后产生的法律效力是:转让人丧失该名称的权利,受让人取得该名称的权利,在该名称登记的区域,转让人不得再使用该名称,也不得再重新登记该名称,若再使用,就有可能构成对受让人名称权的侵害。此外,由于在我国采取绝对转让主义,即法人或者非法人组织转让名称时得将营业一并转让,所以就会产生转让人的债权债务在名称转让后如何处理的问题。从理论上讲,受让人受让该名称时实际上同时也就成为转让人营业的新主体,其在受让名称时,应当就转让人的债权债务与转让人进行约定处理,有约定的,依照其约定;没有约定的,受让人在受让名称时,也应当一并承受债权债务。即使在有约定的情况下,若没有以通知或者登记等方式告知债权人,为了保护债权人的利益,债权人也可以请求受让人承担转让人的债务。国外的立法也基本如此,如《日本商法典》第 26 条规定,营业受让人使用让与人的商号,就让与人的营业所生的债务,也负清偿责任。

五是许可使用的权能。法人、非法人组织享有在一定范围和期限内允许其他法人、非法人组织使用自己名称的权利。法人、非法人组织许可他人使用自己名称的同时,自己仍可以继续使用该名称,在没有特别约定的情况下,还可以允许多家主体使用该名称,这是许可使用名称与转让名称最大的区别。许可使用名称这种情形主要是针对营利法人或者营利性的非法人组织而言的。名称权人可以有偿许可他人使用,也可以无偿许可他人使用。法人或者非法人组织许可他人使用自己的名称一般都要签订名称使用合同,对使用的期限、范围、报酬等事项作出约定。在民法典编纂过程中,对是否允许名称权人许可他人使用自己的名称也有两种意见:一种意见认为,应当禁止名称权人许可他人使用自己的名称;另一种意见认为,应当允许名称权人许可他人使用自己的名称。考虑到随着现代经济生活的发展,经营方式也越来越灵活,特别是商号等无形资产的价值越来越巨大,实践中使用他人名称进行经营的需求也越来越大,如“挂靠”和商业特许经营就是较为典型的许可他人使用自己名称的方式,对这些情形只要管理和规范得当,对于促进经济活动是有利的。基于此,本法采纳了第二种观点。但需注意的是,由于名称具有较强的人格性,其上承载了许可人的信誉等内容,一旦名称权人许可他人使用自己的名称,就要承担因此而产生的法律后果,如第三人因基于对许可人名称的信任而与名称的被许可使用人进行交易,名称权人就有可能对名称被许可使用人因此而产生的债务承担连带清偿责任。

需要强调的是,我国现行法律、行政法规和部门规章对名称权的决定、使用、变更、转让或者许可他人使用都作了不少规定,且对于不同性质的法人、非法人组织名称权的决定、使用、变更或者许可他人使用的规则也不完全相同,如本法第1016条规定,法人、非法人组织决定、变更、转让名称的,应当依法向有关机关办理登记手续,但是法律另有规定的除外。民事主体变更名称的,变更前实施的民事法律行为对其具有法律约束力。名称权人决定、使用、变更、转让或者许可他人使用名称均不得违反这些规定。因此,本条明确规定,名称权人有权“依法”决定、使用、变更、转让或者许可他人使用自己的名称。

第一千零一十四条　任何组织或者个人不得以干涉、盗用、假冒等方式侵害他人的姓名权或者名称权。

【释义】 本条是关于禁止以干涉、盗用、假冒等方式侵害他人的姓名权或者名称权的规定。

自然人对自己的姓名享有姓名权,法人、非法人组织对自己的名称享有名称权。自然人享有的姓名权不仅体现在对姓名有权依法决定、使用、变更或者许可他人使用方面,学理上称之为姓名权的积极权能;还体现在任何组织或者个人不得以干涉、盗用、假冒等方式侵害他人的姓名权,学理上称之为姓名权的消极权能。同理,法人、非法人组织享有的名称权也体现在这两个方面。本章在前两条分别对姓名权和名称权的积极权能作了规定,为了更好地保护姓名权人和名称权人的权益,本条对姓名权和名称权的消极权能也作了规定,延续了我国现行法律和司法解释的规定,民法通则第 99 条规定,禁止他人干涉、盗用、假冒公民的姓名。《最高人民法院关于贯彻执行〈中华人民共和国民法通则〉若干问题的意见(试行)》第 141 条规定,盗用、假冒他人姓名、名称造成损害的,应当认定为侵犯姓名权、名称权的行为。我国澳门特别行政区民法典第 82 条也规定,任何人均有权拥有一姓名及有权使用该姓名之全名或简称,并有权反对他人不法使用其姓名,以识别该人本身身份或者其他用途。

实践中,侵害姓名权、名称权的方式很多,本条列举了几种较为典型的侵害方式。

一是干涉,即无正当理由干涉他人对姓名的决定、使用、变更或者许可他人使用的权利,无正当理由干涉法人、非法人组织对其名称的决定、使用、变更、转让或者许可他人使用的权利。例如,子女成年后,其父母没有正当理由不允许其变更姓名;养父母没有正当理由不允许养子女随其生父母的姓,等等。

二是盗用,即未经姓名权人、名称权人同意或者授权,擅自以姓名权人、名称权人的姓名或者名称实施有害于他人或者社会的行为,如打着经过某著名人士同意或者授权的幌子,以该著名人士的名义开办会所。这种侵害方式的核心是侵权人的行为让他人误以为姓名权人、名称权人同意或者授权侵权人以其名义从事民事活动,但并没有宣称其就是该姓名权人或者名称权人。

三是假冒,即侵权人假冒姓名权人或者名称权人之名进行活动,表现为民事主体从事民事活动时不用自己的姓名或者名称而使用他人的姓名或者名称。实践中,已出现了不少假冒他人姓名或者名称的冒名顶替案,例如,在著名的齐玉苓案中,侵权人就假冒齐玉苓上大学。需要注意实践中存在同名同姓的情况,这是国家法律法规允许的,仅仅登记的姓名与他人相同,不构成假冒侵权行为。但是,某民事主体的行为足以使他人误认或者混淆的,则有可能构成侵权。例如,某人与篮球界的姚明同名同姓,都叫"姚明",若其在正常生活中使用姚明,不构成假冒;但若其对外宣称自己是篮球界的姚明,并以此从事各种民事活动,就很可能构成假冒侵权。但这一问题在名称权上不存在,因为根据我国现行法律法规规定,法人或者非法人组织的名称在登记机关管辖范围内具有唯一性和排他性,即在同一登记机关管辖范围内,同行业内的法人或者非法人组织不能具有相同或者相类似的名称。

以上三种是实践中较为典型的侵害姓名权或者名称权的行为,但侵害姓名权或者名称权的行为不限于这三种,例如将他人的姓名作为商品名称或者作为某一动物的名称等不正当使用姓名的行为。正是基于此,本条在非法干涉、盗用、假冒外加了个"等"字。任何组织或者个人以干涉、盗用、假冒等方式侵害他人的姓名权或者名称权的,都应当承担一定的法律后果。民法通则第120条第1款规定:"公民的姓名权、肖像权、名誉权、荣誉权受到侵害的,有权要求停止侵害,恢复名誉,消除影响,赔礼道歉,并可以要求赔偿损失。"第 2 款规定:"法人的名称权、名誉权、荣誉权受到侵害的,适用前款规定。"《最高人民法院关于贯彻执行〈中华人民共和国民法通则〉若干问题的意见(试行)》第 149 条规定,盗用、假冒他人名义,以函、电等方式进行欺骗或者愚弄他人,并使其财产、名誉受到损害的,侵权人应当承担民事责任。民法典总则编民事责任一章和侵权责任编对侵害人格权等民事权利的责任问题作了详细规定。此外,我国现行的反不正当竞争法等一些民商事特别法也对侵犯姓名权、名称权的责任问题作了规定,如反不正当竞争法第 6 条规定,经营者不得擅自使用他人有一定影响的企业名称(包括简称、字号等)、社会组织名称(包括简称等)、姓名(包括笔名、艺名、译名等)等引人误认为是他人商品或者与他人存在特定联系的行为。由于现行多部法律法规对侵犯姓名权、名称权等人格权的民事责任问题作了规定,且民法典总则编和侵权责任编也对此作了详细规定,基于立法技术的考虑,本编第 995 条规定,人格权受到侵害的,受害人有权依据本法和其他法律的规定请求行为人承担民事责任。

第一千零一十五条　自然人应当随父姓或者母姓,但是有下列情形之一的,可以在父姓和母姓之外选取姓氏:

(一)选取其他直系长辈血亲的姓氏;

(二)因由法定扶养人以外的人扶养而选取扶养人姓氏;

(三)有不违背公序良俗的其他正当理由。

少数民族自然人的姓氏可以遵从本民族的文化传统和风俗习惯。

【释义】 本条是关于自然人姓氏选取规则的规定。

1. 我国姓氏发展沿革及现状

我国的姓氏制度始于旧石器时代末期，华夏先民为避免“同姓相亲、其生不蕃”，各氏族确立了各自的图腾符号并实行族外婚制，该类图腾符号逐渐演化成了氏族成员的姓氏。最初“姓”“氏”分开，自夏商周始，随着分封制和宗法制的实行，形成了一套严格的姓氏制度，姓氏为天子、诸侯等奴隶主贵族专有，“姓”用来“别婚姻”，而同姓贵族通过“氏”标明宗法身份“明贵贱”，平民与奴隶只有名字没有姓氏。秦汉时期，奴隶主贵族的宗法统治解体，平民开始拥有自己的姓氏，并且不再区分“姓”与“氏”，姓氏合一，每个家庭都开始拥有固定姓氏并经子孙后辈世代相传。秦汉以后，华夏姓氏在数量上总体呈持续增多趋势，2010 年《中国姓氏大辞典》收录了各历史时期的汉字姓氏，数量达到 23813 个。目前仍在使用的中国人姓氏超过 7000 个。姓氏的创制方式也极为多样，有以封国封地或者居住地名称作为姓氏的，有以次第顺序作为姓氏的，也有以官爵名或者技艺名作为姓氏的，还有皇帝赐的姓氏的，等等。

相对于较稳定的汉族姓氏来说，由于宗教、文化或者传统习俗的差异，少数民族姓氏更为复杂，有些少数民族没有取姓的传统，或者姓氏仅为贵族享有，如蒙古族、藏族等。有些少数民族在取姓上并无一定之规，如有的直接音译冠汉姓如“爱新觉罗”；有的选取本民族语言音节的某个字音；有的以历史上的官名取姓；也有随意取姓的，如藏族姓氏除了不选取“你”“我”二字，其他文字皆可入姓，曾有统计显示，仅在藏北安多县城随机调查的 66 名藏人中，竟有 60 种姓；还有的以父亲之名作为儿子之姓,如维吾尔族。鉴于上述情况,如果对姓氏选取作解释,应当考虑民族地区的特殊情况。

从我国的规定看,关于子女姓氏如何选取,婚姻法第22条规定,“子女可以随父姓,可以随母姓”。民法通则第99条规定:“公民享有姓名权,有权决定、使用和依照规定改变自己的姓名,禁止他人干涉、盗用、假冒。”根据上述规定,公民有权决定自己的姓名,但改变姓名需要“依照规定”进行。1958年《中华人民共和国户口登记条例》第18条规定,公民变更姓名,依照下列规定办理:(1)未满18周岁的人需要变更姓名的时候,由本人或者父母、收养人向户口登记机关申请变更登记;(2)18周岁以上的人需要变更姓名的时候,由本人向户口登记机关申请变更登记。该条例对公民改变姓名时的申请程序作了规定,未对公民改变姓名进行限制。这导致在实践中对婚姻法和民法通则的理解不一,法院和相关行政机关在处理这类案件时作出的决定也不完全相同,有的判决自然人只能随父姓或者母姓,有的判决自然人可以在父姓或者母姓外取第三姓。

2. 有关国家和地区限制姓氏选取自由的情况和背景

姓名选取是公民可以自由行使的私法权利,还是因具有血亲辨识、身份管理等社会功能或者因他人具有正当利益而不得任由公民自行决定的事项,不同历史时期不同国家和地区对该问题的态度不完全相同。17世纪的欧洲各国并不认可自然人对姓名享有私法上的权利,有关姓名的规定主要是公法规范,姓名变更须以公权机构的许可为限。从19世纪初开始,姓名被视为自然人人格特征的重要标志,基于人格平等的理念,姓名的享有和行使逐渐演变为私法权利。自20世纪初以来,姓名权作为一项人格权被现代国家和地区普遍接受。

境外立法对姓名权主要从两个方面进行规定：

一是关于姓名权的一般性规定。大多数国家和地区强调姓名权的享有和行使必须依法进行，许多国家并不从权利赋予的角度直接规定公民享有姓名权，如德国、日本和俄罗斯仅着眼于权利救济。《德国民法典》第12条规定，有权使用某一姓名的人，因他人盗用、冒用等而受到损害的，可以提起停止侵害之诉。一些国家如意大利，虽然规定公民享有姓名权，但同时明确该项权利必须"依法"享有，并规定更改或者添删姓名须严格依照法定程序进行，并不得损害第三人的正当利益。

二是关于姓氏选择。法律对姓氏选择是否作出限制，涉及子女出生时和子女成年后两种情况：(1)子女出生时的姓氏选择。许多国家和地区的姓氏选择要受严格限制，原则上只能在父姓、母姓或者父母的婚姻姓氏之中作出选择，不允许选择其他姓氏。如《德国民法典》规定，子女以其父母的婚姻姓氏为出生姓氏。《日本民法典》规定，婚生子女，称父母的姓氏；非婚生子女，称母亲的姓氏。《法国民法典》在2002年增加规定，如户籍官员认为父母为儿童选择的姓名，可能违反儿童利益或者违反第三人保护其家庭姓氏之利益，户籍官员应通知共和国检察官提请家事法官处理。(2)子女成年后的姓氏变更。许多国家和地区规定，自然人变更名字要严格依照公告、异议等法定程序进行。对于变更姓氏，尤其是变更为父姓或母姓之外的其他姓氏，限制就更为严格。《法国民法典》第61条规定，证明有正当利益的，如为避免请求人的某一直系尊血亲或者第四亲等以内的旁系亲属的姓氏湮灭无继，才允许改姓。改姓采用官方公报发布行政令进行公告。对于该行政令公告，任何有利害关系的人，均可在公告之日起2个月内，向最高行政法院提出异议。

虽然法律作了严格限制,但法国司法实践关于正当利益的判断标准存在一定弹性。法国最高法院第一民事庭 1999 年判决,正当利益“应当按照法官审理时的情形作出评判”。1988 年至 2002 年法国最高法院及巴黎高等法院通过判决确定的“正当利益”,包括以下七类情形:(1)长期使用某一姓氏(非登记姓氏);(2)出于融入法国社会的需要改变姓氏;(3)因信奉某一宗教或者特定民族文化传统,需要改变姓氏;(4)因性别改变需要改变姓氏;(5)原有姓氏中包含侮辱性或者粗俗的同音异义;(6)长辈姓氏非常有名望,当事人要求承继更改;(7)为避免请求人的某一直系尊血亲或者第四亲等以内的旁系亲属的姓氏湮灭无继等。我国台湾地区“民法”自 1930 年制定以来,关于子女姓氏的规定,经历了 1985 年和 2007 年两次大的修订。其中,关于是否允许父母双方自行约定以第三姓为子女姓氏,“立法院”曾讨论 10 年。当时 22 名“立委”联署,坚决反对父母自行约定子女姓氏,认为姓氏的承继是我中华民族重要的伦理道德,若子女姓氏可由父母双方自行约定,将严重破坏祖宗传留的家族制度。草案几经修改,最终通过的“民法”亲属编第 1059 条严格限制父母的选择合意,规定父母于子女出生登记前,应以书面约定子女从父姓或母姓。子女经出生登记后,于未成年前,得由父母以书面约定变更为父姓或母姓。子女已成年者,经父母之书面同意得变更为父姓或母姓。前二项之变更,各以一次为限。

从总体上讲,虽然境外立法将姓名权视为人格权,但姓名权中的姓氏选择在一些国家和地区依然受到限制,子女出生时的姓氏选择,原则上只能以父姓、母姓或者父母的婚姻姓氏为限,不允许选择其他姓氏。由于宗教及文化传统的原因,这些国家和地区规定，只有婚生子女可以继承生父姓氏或者父母的婚姻姓氏，非婚生子女在姓氏继承或者财产继承上都受到差别对待，如德国规定婚生子女称父母婚姻姓氏，非婚生子女称母亲姓氏；日本规定，非婚生子女财产继承份额仅为婚生子女的一半。因此，姓氏选择是判断自然人是否为婚生子女的表面证据。如果完全放开姓氏选取自由，允许非婚生子女自行选取生父姓氏，法律对婚生与非婚生子女差别对待的意义将大为降低，不利于保护合法婚姻。20世纪70年代始，基于保护儿童利益的考虑，英美等国率先取消对非婚生子女的歧视待遇，但多侧重抚养费给付、财产继承等财产关系，在姓氏继承及亲权等身份关系上仍未完全放开。德国直至20世纪90年代才通过颁布子女身份改革法等一系列单行法彻底取消了非婚生与婚生子女的差别。德国、奥地利、法国等国和我国台湾地区虽已取消了对非婚生子女的差别待遇，但非婚生子女仍不能像婚生子女一样与生父自然建立亲权关系并享有各项权利，非婚生子女如欲承袭生父姓氏或者进行财产继承，必须通过提起生父认领之诉或者父母婚姻准正之诉，获得胜诉判决后方可行使，如2004年修订的《意大利民法典》第262条规定，非婚生子女经父母同时认领的，方可采用父亲姓氏。该类认领之诉或者父母婚姻准正之诉要受到行使条件、行使期间甚至生父对生母不贞抗辩等诸多限制。与上述情况不同，我国1950年婚姻法第15条规定，非婚生子女享受与婚生子女同等的权利，任何人不得加以危害或歧视。在实践中，非婚生子女只要能够出具有效的亲子鉴定证明，即在法律上被视为亲生子女，与婚生子女享有同等权利。

3. 对姓氏选取问题的不同意见

自然人的姓名由姓和名组成。本法第1012条规定，姓名权人有权决定或者变更自己的姓名,这是自然人自我决定权的体现。对于名,各方普遍认为,自然人只要不违反法律的强制性规定,不违背公序良俗就可以按照自己的意愿决定或者变更,但是对自然人能否随意决定或者变更自己的姓氏却有不同意见。有关部门和专家学者对这个问题主要有三种意见:

一是,有的认为应允许自然人自由选择其他姓氏。首先,从历史上看,姓名既是社会发展的产物,又是人为的规定。其次,从法律上看,婚姻法第 22 条规定子女可以随父姓,可以随母姓,更多是为了体现男女平等,并不是为了限制公民取其他姓氏。民法通则第 99 条关于公民享有姓名权的规定,也没有禁止公民取其他姓氏。法律无禁止即为自由,现行法律没有禁止选取其他姓氏,那么姓什么应该都可以。最后,取其他姓氏的情况毕竟非常少,不会造成大的社会负担,更不会必然影响社会秩序。因此,如果有少数人希望标新立异,取个自己更喜欢的姓氏,不会有太大问题。允许其自由选择、满足需求,可以彰显法律与社会管理的开明。

二是,有的认为家庭仍然是社会的细胞,担负着很多重要的功能。在这种情况下,称父姓或者母姓对增强家庭凝聚力、维护亲子关系和代际关系有好处。如果法律允许选用父姓或者母姓以外的其他姓,会带来诸多问题,如姓氏用字的范围是什么,能否用外国的姓氏,等等。民法通则和婚姻法对姓名权的规定是从不同角度考虑的。民法通则的姓名权是一般规定,婚姻法的规定是父母有权协商决定未成年子女的姓,并非允许随意取其他姓氏。所以,从法律、社会、伦理等方面综合考虑,公民姓氏应该在父姓和母姓当中选取,不能选取其他姓氏。

三是,有的认为民法通则第 99 条规定的是姓名权的内涵,婚姻法第 22 条的规定主要解决男女平等问题,在字面上看不出来不允许取其他姓。但姓氏涉及维护血缘关系、家族关系和亲属秩序，家族、家庭在当今社会生活中发挥的作用重大，维护家族秩序的稳定对维护社会秩序的稳定非常重要，如果在立法上规定过于宽松，就会把血缘秩序、家族秩序和亲属秩序搞乱。为了平衡保护姓名权和维护家庭稳定二者的关系，子女可以随父姓，可以随母姓，在有正当理由且不违背公序良俗的情况下可以随其他姓。

姓氏选取与每位公民密切相关，民法通则第99条和婚姻法第22条分别规定了公民享有姓名权及子女可以随父姓或者母姓的问题。近年来，司法机关、有关行政部门和一些社会公众反映，民法通则和婚姻法的上述规定较为原则，对于公民能否在父姓和母姓之外选取姓氏，实践中有关部门和当事人存在理解不一致的情况；且相关法律制定较早，不能有效应对当前公民创姓、改姓等新情况、新问题。理论界和实务界对于自然人如何选择姓氏存在较大的争议，国外的做法也不完全相同。为了解决实践中的争议和难题；为了对社会生活中公民的姓氏选取行为有所引领，使行政机关、人民法院在履行职能和处理纠纷时有所遵循；同时，鉴于姓氏选取问题不仅涉及现代社会的公民私权与国家公权、个人自由与社会秩序，还关乎中华民族的文化传统、伦理观念和社会主义核心价值观，问题重大，有必要作出专门的规定，以指导实践。为此，2014年全国人大常委会专门对此作出了一个立法解释。该立法解释明确规定，公民原则上应当随父姓或者母姓。但是有下列情形之一的，可以在父姓和母姓之外选取姓氏：(1)选取其他直系长辈血亲的姓氏；(2)因由法定扶养人以外的人扶养而选取扶养人姓氏；(3)有不违背公序良俗的其他正当理由。少数民族公民的姓氏可以遵从本民族的文化传统和风俗习惯。该立法解释这样规定的主要理由是：姓氏文化是中华传统文化的重要组成部分。中华文明源远流长，姓氏文化在中华五千多年连绵不断的文明史中占有重要地位。世界上的很多国家都通过立法明确子女应当从父姓或者母姓。通过立法解释，明确公民原则上应当在父姓或者母姓中选取姓氏，对于维护中华民族的文化传统、伦理观念和社会主义核心价值观至关重要。从婚姻法当初的立法本意看，婚姻法第 22 条的规定主要为了突出父母对子女姓氏决定权的平等，进一步体现男女平等和夫妻家庭地位平等的原则，不涉及公民是否可以在父姓、母姓之外选取其他姓氏的问题。姓氏选取主要适用民法通则第 6 条、第 7 条和第 99 条的规定。社会各方面普遍认为，子女承父姓、母姓在我国有深厚的传统文化伦理基础，社会普遍遵循。现实生活中，随意取姓的现象比较少见，老百姓一般也难以接受。姓氏选取不能毫无限制，应当有一定之规。同时，鉴于社会生活和民事活动的复杂性以及各民族因历史文化传统、民族习惯和宗教信仰等体现的姓氏文化差异性，法律应当考虑一些公民在父姓和母姓之外选取姓氏的合理需求以及不同民族的风俗习惯，力求找到最佳平衡点，作出既符合多数人利益，也能兼顾少数人利益的解决方案，使法律规则既保持稳定性，又富有灵活性。该立法解释也规定了三种例外情形：第一种“选取其他直系长辈血亲的姓氏”主要是涉及中国传统认可的认祖归宗，例如自然人没有选取自己父母的姓，而是选取自己外婆的姓或者奶奶的姓；第二种“因由法定扶养人以外的人扶养而选取扶养人姓氏”主要涉及收养的情形，例如被收养的孩子不再随自己亲生父母的姓，而是随养父母的姓；第三种“有不违背公序良俗的其他正当理由”是一个兜底条款，主要是指还俗、姓本身具有侮辱性等情形，可以在不违背公序良俗的情形下改姓。此外，考虑到不少少数民族的姓名决定或者变更具有自己的文化传统和风俗习惯，有较强的特殊性，该立法解释还明确规定，少数民族自然人的姓氏可以遵从本民族的文化传统和风俗习惯。自该立法解释正式实施以来，从实践情况看，较好地平衡了尊重自然人的自由决定或者变更姓名权利与尊重中国优秀传统文化以及伦理道德之间的关系，也得到了多数人的认同，有利于解决现实中的争议。基于此，本法完全吸收了该立法解释的规定。

这里还有一个问题需要说明，民法典人格权编草案一审稿中曾经规定，未成年人父母离婚的，与未成年人共同生活的一方可以将该未成年人的姓氏变更为自己的姓氏，但是另一方有正当理由表示反对的除外。在常委会审议以及公开征求意见过程中，有的意见提出，该条规定的初衷是给实践中此类案件的解决提供法律依据，但是变更未成年人姓氏涉及的问题较为复杂，这一规定并不能完全解决现实中的这类问题，建议不作规定。基于此，民法典人格权编草案二审稿删除了这一条规定。此后，仍然有一些意见建议恢复一审稿的规定，允许与未成年人共同生活的一方单方变更该未成年人的姓氏。对此，经反复研究后认为，父母离婚后的未成年人的姓氏变更问题涉及的情况较为复杂，鉴于目前各方面对此尚未形成共识，可以考虑暂不在民法典中规定，司法实践中可以根据具体情况进行判断。

第一千零一十六条　自然人决定、变更姓名，或者法人、非法人组织决定、变更、转让名称的，应当依法向有关机关办理登记手续，但是法律另有规定的除外。

民事主体变更姓名、名称的，变更前实施的民事法律行为对其具有法律约束力。

【释义】 本条是关于民事主体决定、变更姓名、名称或者转让自己名称应当遵守的法定程序以及产生的法律效力。

根据本法第1012条、第1013条的规定，自然人有权决定、变更自己的姓名，法人、非法人组织有权决定、使用、变更或者转让自己的名称。这两条规定的姓名和名称都是指法定姓名或者名称，是自然人或者法人、非法人组织法定人格和身份的体现，对内对外都会产生一定的法律效果，因此其决定、变更等都必须依法进行。

自然人的姓名的决定关系到该自然人参与社会经济生活，特别是涉及从事民事法律行为的问题，因此自然人决定姓名除了需要以有民事行为能力为前提外，还需要遵循法定的程序，办理法定的手续。根据有关规定，婴儿的姓名由父母、亲属、抚养人或者其他监护人在婴儿出生1个月内向婴儿常住地户口登记机关申报出生登记，并将其姓名记入户口登记簿，在户口登记簿上登记的姓名为正式姓名，并受法律保护，并可以用于签署正式的法律文件。所以，自然人的正式姓名以登记簿上记载的为准。自然人在确定姓名后，可能出于各种原因而需要变更自己的姓名。但由于其已经使用原姓名进行了各种民事活动，参加了不同的民事法律关系，其改变自己的姓名必然会影响他人的利益和社会公共利益，因此自然人变更姓名也必须遵守相关法律法规规定，遵循法定程序进行，不得擅自变更。根据《中华人民共和国户口登记条例》的规定，自然人变更自己的姓名必须到当地派出所进行变更登记。当然这里的姓名指的是法定姓名（正式姓名）的决定或者变更，并不包括本法第1017条规定的笔名、艺名等的决定或者变更，笔名、艺名等非法定姓名的决定或者变更并不需要进行登记。

考虑到法人、非法人组织对于社会的影响较大，任何一个国家都会对法人、非法人组织进行管理。为了维护正常的社会秩序和健康的市场经济秩序，我国法律法规以及规章对法人、非法人组织的设定、变更、转让也作了不少规定，设定了一定的程序，特别是登记程序。原则上法人或者非法人组织变更自己的名称或者转让自己的名称都需要进行变更或者转让登记。需要指出的是，根据我国相关法律法规的规定，并非所有法人或者非法人组织变更或者转让自己的名称都需要登记，如本法典总则编规定的机关法人的决定或者变更就不需要办理登记手续。因此，本条特别规定“但是法律另有规定的除外”。

自然人的姓名，法人、非法人组织的名称，是民事主体的外在标识，姓名权人或者名称权人以其参与各种民事活动，为自己设定权利义务，对自己、对他人都有重大影响。自然人变更自己的姓名，法人、非法人变更自己的名称，都是其外在标识改变，其实质并没有发生改变，其权利义务的归属也不应发生改变，否则会对他人甚至社会公共利益产生重大影响。而在现实生活中，却不时发生债务人通过变更姓名或者名称的方式逃避债务的现象，损害了社会经济秩序。为了防止这种新人不理旧账的现象出现，保护原法律关系的相对方，本条第 2 款特别规定，民事主体变更姓名、名称的，变更前实施的民事法律行为对其具有法律约束力。

第一千零一十七条　具有一定社会知名度，被他人使用足以造成公众混淆的笔名、艺名、网名、译名、字号、姓名和名称的简称等，参照适用姓名权和名称权保护的有关规定。

【释义】 本条是关于保护笔名、艺名、网名、字号等的规定。

姓名是自然人区别于他人的特定符号和标识，名称是法人、非法人组织区别于其他民事主体的特定符号和标识。姓名和名称都有狭义和广义之分，狭义的姓名是某一自然人的正式姓名（在国家户口登记机关登记的法定姓名），狭义的名称是某一法人、非法人组织的正式名称（在国家相关机关登记的名称），本法第1012～1016条的规定主要针对的是狭义的姓名和名称。广义上的姓名和名称除包括正式姓名和正式名称外，还包括笔名、艺名、网名、译名、字号、姓名和名称的简称等。一些文学家、艺术家常常用笔名、艺名代替本名，这些笔名、艺名甚至比其本名更为社会和公众所熟知，例如著名作家莫言的本名是管谟业，莫言只是其笔名，但多数读者只知其笔名莫言，并不知道其本名。除笔名、艺名外，根据我国的传统，一些自然人还喜欢给自己起"字"或者"号"，例如唐代大诗人李白，字太白，号青莲居士，现在仍有一些人继承了这一传统。随着现代网络社会的发展，不少自然人在网络世界里给自己起了网名，在网络世界里很多情况下网民之间只知道网名，并不知道真实的本名。还有的外国人在中国，或者中国人在外国都会面临译名是否受保护的问题，例如美国著名球星Jordan在中国的译名"乔丹"就面临侵权的问题。对于法人、非法人组织来说，也存在类似的情况，例如在日常的民事活动中，除使用在登记机关登记的正式名称外，有时也会使用名称的简称或者字号，例如阿里巴巴网络技术有限公司是登记的名称，简称阿里巴巴或者阿里巴巴集团。在民法典编纂过程中，对是否保护笔名、艺名、网名、译名、字号、姓名和名称的简称等有不同意见。有的意见认为,只宜保护经过登记的正式姓名和名称,不宜保护笔名、艺名、网名、译名、字号、姓名和名称的简称等,否则有可能限制他人的行为自由。经研究认为,笔名、艺名、网名、译名、字号、姓名和名称的简称等虽没有经过法定机关登记,不属于正式的姓名或者名称,但是在不少情况下,这些笔名、艺名、网名、译名、字号、姓名和名称的简称等也能够起到确定和代表某一自然人或者法人、非法人组织的作用,能够体现民事主体的人格特征。这些笔名、艺名、网名、译名、字号、姓名和名称的简称等若被他人滥用或者导致他人混淆,也会有损自然人的人格尊严,对该民事主体造成重大损害。因此,保护笔名、艺名、网名、译名、字号、姓名和名称的简称等,有利于更好地保护民事主体的人格利益。但是笔名、艺名、网名、译名、字号、姓名和名称的简称等毕竟不是登记的正式姓名或者名称,并非任何笔名、艺名、网名、译名、字号、姓名和名称的简称等都应当受到保护,只有满足一定条件的笔名、艺名、网名、译名、字号、姓名和名称的简称等才受法律保护:一是具有一定社会知名度或者为相关公众所知悉;二是被他人使用足以造成公众混淆的。基于此,本条规定,具有一定社会知名度,被他人使用足以造成公众混淆的笔名、艺名、网名、译名、字号、姓名和名称的简称等,参照适用姓名和名称保护的相关规定。

与对正式姓名或者名称的保护相比,对笔名、艺名、网名、译名、字号、姓名和名称的简称等的保护既有相同点,也具有不同点。相同点:一是对正式姓名或者名称的使用不得违反法律、行政法规的强制性规定,不得违背公序良俗;对笔名、艺名、网名、译名、字号、姓名和名称的简称等的使用也不得违反法律、行政法规的强制性规定，不得违背公序良俗。二是任何组织或者个人都不得以干涉、盗用或者假冒等方式侵害。不同点：一是对正式姓名或者名称的保护，不需要具有一定社会知名度，被他人使用足以造成公众混淆等条件的限制，也就是说，自然人或者法人、非法人组织经过登记的正式姓名或者名称都受法律保护，任何组织或者个人都不得干涉、盗用或者假冒。对笔名、艺名、网名、译名、字号、姓名和名称的简称等的保护，则需要受具有一定社会知名度、被他人使用足以造成公众混淆等条件的限制。二是自然人决定、变更正式姓名，法人、非法人组织变更、转让名称、简称、字号等，都需要登记；而自然人决定、变更自己的笔名、艺名、网名等，法人或者非法人组织变更名称，原则上不需要经过登记。正因为笔名、艺名、网名、译名、字号、姓名和名称的简称等，与正式姓名、名称有上述区别，对其的保护就不能完全依照正式姓名、名称的规则进行，所以本条规定，对笔名、艺名、网名、译名、字号、姓名和名称的简称等的保护是“参照”适用姓名权和名称权的保护规定。

还有一个涉及自然人艺名的归属问题，即艺名是归艺人所有还是归艺人所在的公司所有。在民法典编纂过程中，对这个问题也是有不同意见的。考虑到艺名是针对特定自然人的，其他民事主体盗用、假冒艺名直接损害的是特定自然人的利益，因此，艺名应当属于使用该艺名的自然人。至于公司在艺名的推广过程中所付出的代价则可由艺人与公司的合同解决，若他人使用艺人的艺名同时损害公司权益的，艺人所在的公司可以基于不正当竞争等事由进行救济。

第四章　肖　像　权

本章是关于肖像权的规定，共6条，对肖像的定义和肖像权的权能、禁止侵害肖像权、合理使用肖像权的情形、肖像许可使用合同、声音的保护等内容作了规定。

第一千零一十八条　自然人享有肖像权，有权依法制作、使用、公开或者许可他人使用自己的肖像。

肖像是通过影像、雕塑、绘画等方式在一定载体上所反映的特定自然人可以被识别的外部形象。

【释义】　本条是关于肖像权的权能和肖像定义的规定。

（一）立法背景

肖像与姓名和名称一样，都是民事主体的外在表征，彰显民事主体的社会存在。从理论上划分，肖像权与姓名权和名称权也一样，都属于标表型人格权，是民事主体不可缺少的一种具体人格权。随着社会的发展和科学技术的进步，特别是手机摄影技术、传播技术和名人现象的发展，肖像越来越容易被获取，其具有的商业价值也越来越巨大（公众人物的肖像就更是如此），肖像被他人以非法利用等手段进行侵害的情形越来越多，因此而产生的纠纷也越来越多。因此，进一步加强对肖像权保护的立法也越来越迫切。近现代以来，不少国家和地区的法律都对肖像权作了规定。例如，德国1907年的《艺术作品著作权法》就对肖像权的保护专门作了规定。我国澳门特别行政区民法典规定,未经本人同意,不得对肖像或者在视觉上能认识别人之标志进行摄取、展示、复制、散布或者作交易之作。我国自20世纪80年代开始就高度重视对肖像权的保护。1986年的民法通则第100条规定,公民享有肖像权,未经本人同意,不得以营利为目的使用公民的肖像。妇女权益保障法第42条第1款规定,妇女的名誉权、荣誉权、隐私权、肖像权等人格权受法律保护。广告法第33条规定,广告主或者广告经营者在广告中使用他人名义或者形象的,应当事先取得其书面同意。2009年的侵权责任法和2017年的民法总则更是明确将肖像权作为一种重要的民事权利加以明确规定。根据司法实践的需要,最高人民法院还出台了一系列与肖像权保护有关的司法解释。为了更好地保护自然人的肖像权,民法典人格权编在我国现有法律和司法解释的基础上,借鉴境外立法经验,专设本章对肖像权的内容和保护作了规定。基于此,本条第1款规定,自然人享有肖像权,有权依法制作、使用、公开或者许可他人使用自己的肖像。

(二)对本条含义的理解

根据本条第1款规定,任何自然人都享有肖像权,肖像权的内容包括四个方面:

一是依法制作自己肖像的权能。制作肖像权能又称形象再现权能,即自然人有权自己或者许可他人通过造型艺术形式或者其他形式再现自己的外部形象。这项权能是肖像权的基本权能,也是肖像权中的其他权能的基础和前提。根据本条第2款的规定,肖像只有再现在一定载体上才具有法律意义。但是否制作自己的肖像是肖像权人的权利,肖像权人有权根据自己的需要或者他人的需要,自己或者许可他人通过影像、雕塑、绘画等方式制作自己的肖像,任何组织或者个人都不得干涉或者侵犯。这里需要注意两点:第一,本条只强调依法制作自己的肖像是肖像权人的权利,但如果该权利人从未制作过自己的肖像,只是表明其从未行使过这项权能,并不影响其享有这项权能,其在以后任何时候都可以行使这项权能。第二,根据本条第2款的规定,肖像需要以一定的载体体现出来,但肖像本身并不等同于该物质载体。

二是依法使用肖像的权能。肖像权人有将自己的肖像用于任何合法的目的,这种目的既可以是精神上的愉悦,也可以是获得一定的财产利益。肖像权人使用肖像的方式可以是多样的,既可以用复制、展示的方式使用,也可以以销售的方式使用。需要强调的是,肖像权虽然是一种重要的具体人格权,但其肖像使用权能体现了一定的财产利益并可以与肖像权人相分离。根据本条的规定,他人利用肖像权人的肖像应当获得肖像权人的同意或者许可。

三是依法公开肖像的权能。肖像权人对于已经制作的肖像,可以自己对外公开或者许可他人公开,禁止他人擅自公开。例如,将自己拍摄或者他人拍摄的照片公开等。需要注意的是,从实质上讲,公开肖像应当属于广义上的使用权能的内容。但是考虑到公开肖像这种形式对于肖像权的重要性,肖像公开与否对肖像权人的影响是巨大的,所以本条特别将其从广义上的使用权能中分离出来加以单独规定。

四是许可他人使用肖像的权能。正如前所述,肖像权人对于自己的肖像是否使用、如何使用享有完全的权利,其可以通过授权或者同意等方式许可他人使用自己的肖像。这是肖像权人对自己肖像的自主决定权的重要体现。这种许可使用可以是有偿的,也可以是无偿的。但其他人无论是有偿使用还是无偿使用肖像权人的肖像,都必须经过肖像权人的许可,任何组织或者个人未经肖像权人的许可擅自使用其肖像都构成侵权。这与 1986 年民法通则第 100 条的规定有所不同。根据民法通则的规定,未经肖像权人的同意,不得以营利为目的使用肖像权人的肖像,即以他人是否营利性使用肖像作为判断是否构成侵权的要件。从近四十年的实践看,该规定是不完备的,不利于保护肖像权人的权益,需要修改完善。本法对此作了修改,不再以他人的使用是否以营利为目的作为判断是否侵犯肖像权的要件。肖像特别是名人的肖像一般具有较大的经济价值,例如将名人的肖像用于广告宣传等,所以实践中,不少名人,特别是演艺明星常常通过签订肖像许可使用合同的方式允许商家使用自己的肖像,以获取一定的利益,如广告费。本法第 1021~1022 条对肖像许可使用合同专门作了规范。根据该规定,当事人对肖像许可使用合同中关于肖像使用条款的理解有争议的,应当作出有利于肖像权人的解释。当事人对肖像许可使用期限没有约定或者约定不明确的,任何一方当事人可以随时解除肖像许可使用合同,但是应当在合理期限之前通知对方。当事人对肖像许可使用期限有明确约定,肖像权人有正当理由的,可以解除肖像许可使用合同,但是应当在合理期限之前通知对方。因解除合同造成对方损失的,除不可归责于肖像权人的事由外,应当赔偿损失。

何为肖像?这是规定肖像权的首要问题。在本法编纂过程中,各方对如何界定肖像,认识是不完全一致的。有的意见认为,肖像就是指通过影像、雕塑、绘画等造型艺术方式所反映的自然人的面部形象。这种观点突出强调了肖像就是物质载体上所体现的自然人的面部形象。有的意见认为,肖像是影像、雕塑、绘画等造型艺术方式呈现的一个人的外部形象。这种观点强调肖像以自然人的面部特征为主,但不限于面部特征,还包括呈现自然人外部特征的其他形象,范畴明显比前一种意见要宽泛。还有一种意见认为,肖像是指通过影像、雕塑、绘画等造型艺术方式使自然人外貌在一定载体上再现的视觉形象。这种观点与第二种观点一样,都强调肖像不限于自然人的面部特征,而是包括所有可以呈现自然人外部特征的形象,但不同点是第二种观点认为肖像是自然人的外部形象本身,而第三种观点则强调肖像不是自然人外部形象本身,而是自然人外部形象的真实反映。经研究认为,首先,肖像的范围不应限于自然人的面部特征。肖像是一个自然人形象的标志,除面部特征外,若不把任何足以反映或者可以识别特定自然人的外部形象纳入肖像权的保护范围,都很有可能对该自然人的人格尊严造成威胁。肖像的范围过小,不利于保护肖像权人的利益。例如,著名篮球运动员姚明的形象极具特色,其虽未露出面部,但整体形象具有极强的可识别性,多数人不看其面部,就可以识别其是姚明。还如,某一模特的手具有极强的可识别性,很多人都可识别出,那么该模特的手部形象也可以纳入肖像的范围。其次,肖像是指通过一定载体所能够客观真实地反映出的自然人外部形象,这种载体可以是艺术作品,艺术作品是典型的形式,但并不限于艺术作品,任何可以反映自然人外部形象的物质手段都可以纳入这种载体,可以体现为图片、照片、绘画、雕塑等任何形式。最后,肖像应当具有较为清晰的可识别性。法律保护自然人肖像的目的是保护其外部形象不被他人混淆从而贬损或者滥用，因此通过一定载体所呈现出的外部形象应当具有较为清晰的指向性和可识别性，如果通过载体呈现出的外部形象无法指向或者识别出特定自然人，则不应纳入肖像的范围。也就是说，肖像由自然人外部形象、外部形象载体和可识别性三个要件构成。基于此，本条第2款规定，肖像是通过影像、雕塑、绘画等方式在一定载体上所反映的特定自然人可以被识别的外部形象。

第一千零一十九条　任何组织或者个人不得以丑化、污损，或者利用信息技术手段伪造等方式侵害他人的肖像权。未经肖像权人同意，不得制作、使用、公开肖像权人的肖像，但是法律另有规定的除外。

未经肖像权人同意，肖像作品权利人不得以发表、复制、发行、出租、展览等方式使用或者公开肖像权人的肖像。

【释义】　本条是关于禁止任何组织或个人侵犯他人肖像权的规定。

肖像权作为自然人享有的一种重要人格权，具有人格权共有的绝对性、专属性、排他性等特征，肖像权人对其肖像既享有依法制作、使用、公开或者许可他人使用的权利，也享有排除他人侵害的权利。任何组织或者个人都不得以任何形式侵害肖像权人的肖像权。本条从三个方面对禁止任何组织或者个人侵犯他人肖像权的情形作了规定：

一是明确规定，任何组织或者个人不得以丑化、污损，或者利用信息技术手段伪造等方式侵害他人的肖像权。肖像权涉及肖像权人的人格尊严，是具有极强精神属性的权利，以丑化、污损,或者利用信息技术手段伪造等方式侵害他人的肖像权,都有可能对肖像权人的精神造成严重损害,必须禁止。这里的“丑化”是指通过艺术加工或者改造的方法,对他人的肖像加以歪曲、诬蔑、贬低,例如在他人的肖像上划叉或者画上胡须等;“污损”是指将他人的肖像损坏或弄脏,例如往他人的照片上泼墨水或者焚烧、撕扯他人的照片等行为;“利用信息技术手段伪造”是指利用信息技术手段编造或者捏造他人肖像,以假乱真,以达到利用不存在的事物来谋取非法利益,例如利用现在的人工智能技术将他人的肖像深度伪造到特定场景中或者移花接木到其他人的身体上以达到非法目的。本条只列举了比较典型的、有可能会对肖像权人造成严重后果的几种侵害肖像权的情形,但现实生活中侵害肖像权的形式多种多样,远不止这几种,例如倒挂他人的照片等。需要说明的是,“伪造”他人肖像的情形也很多,本条之所以只强调“利用信息技术手段伪造”这种伪造方式,是因为在审议民法典人格权编草案过程中,不少意见提出,随着人工智能和大数据等新技术的快速发展,实践中利用“深度伪造”技术侵害他人肖像权的情形越来越普遍,这不但会严重侵害他人的肖像权和名誉权,还可能对国家安全和社会公共利益造成损害,建议对这种侵害肖像权的方式作出明确的禁止性规定。本条采纳了这种意见,适应了新技术环境下的肖像权保护的需要,体现了立法与时俱进。

二是明确规定,未经肖像权人同意,不得制作、使用、公开肖像权人的肖像,但是法律另有规定的除外。根据本法第 1018 条第 1 款的规定,自然人享有肖像权,有权依法制作、使用、公开或者许可他人使用自己的肖像。也就是说,制作、使用、公开肖像是肖像权人的专属性权利,其他任何组织或者个人未经肖像权人的同意都不得擅自制作、使用、公开他人肖像。在民法典编纂过程中，有的意见提出，某一组织或者个人制作、使用、公开他人肖像，虽未经肖像权人同意，但并没有丑化、污损，或者利用信息技术手段伪造他人的肖像，因此不构成侵害他人肖像。这种观点是不正确的。根据本条规定，除法律另有规定外，制作、使用、公开肖像权人的肖像都必须经过肖像权人同意。即使是经过肖像权人的同意，可以制作、使用、公开其肖像，但是构成丑化、污损，或者利用信息技术手段伪造肖像等情形，同样构成侵害他人肖像权，也是本法所不允许的。当然本条所规定的“同意”既包括明示的同意，例如通过书面合同的方式明确许可他人制作、使用、公开其肖像；也包括默示的同意，例如在户外主动摆拍照片等。若权利人为无民事行为能力人或者限制民事行为能力人，则根据民法典总则编的相关规定，由其法定代理人代为同意。这里还需要强调一点，民法通则第100条的规定以是否营利性使用他人肖像作为是否需要肖像权人同意的标准。主流观点和现在的司法实践已不再采纳这种标准。本条吸收了主流观点和司法实践的做法，不以是否营利作为是否需要肖像权人同意的标准，也不以营利性作为侵害肖像权的构成要件。本条还规定，在法律另有规定的情况下，可以不经肖像权人同意，制作、使用、公开肖像权人的肖像。本条中的“法律另有规定”主要是指本法第1020条规定的几种可以合理使用的情形，根据该规定，合理实施下列行为的，可以不经肖像权人同意：(1)为个人学习、艺术欣赏、课堂教学或者科学研究，在必要范围内使用肖像权人已经公开的肖像；(2)为实施新闻报道，不可避免地制作、使用、公开肖像权人的肖像；(3)为依法履行职责，国家机关在必要范围内制作、使用、公开肖像权人的肖像；(4)为展示特定公共环境，不可避免地制作、使用、公开肖像权人的肖像；(5)为维护公共利益或者肖像权人合法权益，制作、使用、公开肖像权人的肖像的其他行为。

三是明确规定，未经肖像权人同意，肖像作品权利人不得以发表、复制、发行、出租、展览等方式使用或者公开肖像权人的肖像。如前所述，肖像权人的肖像往往都是通过一定的载体表现出来的，这种载体在多数情况下都构成艺术作品，例如为他人拍摄的艺术照，为模特画的艺术像等。从著作权的角度看，这些艺术作品也都构成著作权法上的肖像作品。在现实生活中，这些肖像作品的权利人有时与肖像权人是合一的，但有时却是不同的民事主体。若肖像权人与肖像作品权利人并非同一主体，肖像作品权利人虽享有肖像作品的著作权，但未经肖像权人同意，也不得以发表、复制、发行、出租、展览等方式使用或者公开肖像权人的肖像。这样规定，既强化了对肖像权的保护，也明确了肖像权与肖像作品著作权的关系。

第一千零二十条　合理实施下列行为的，可以不经肖像权人同意：

(一)为个人学习、艺术欣赏、课堂教学或者科学研究，在必要范围内使用肖像权人已经公开的肖像；

(二)为实施新闻报道，不可避免地制作、使用、公开肖像权人的肖像；

(三)为依法履行职责，国家机关在必要范围内制作、使用、公开肖像权人的肖像；

(四)为展示特定公共环境，不可避免地制作、使用、公开肖像权人的肖像；

(五)为维护公共利益或者肖像权人合法权益,制作、使用、公开肖像权人的肖像的其他行为。

【释义】 本条是关于合理使用肖像的情形的规定。

肖像权是自然人享有的一项重要人格权。但同其他民事权利一样,这项人格权并非绝对的权利。肖像不仅对本人意义重大,对他人甚至对全社会都具有重大价值,一些正常的社会活动都离不开对他人肖像的合理使用,如果任何制作、使用、公开肖像的行为都需要经过权利人同意,会给正常的社会活动带来影响,甚至影响公共利益。因此,法律应当在保护个人肖像权和保护社会公共利益间进行平衡和协调。民法典在强调加强对肖像权保护的同时,也设置了肖像权保护的例外情形。在这些例外情形下,制作、使用、公开肖像权人的肖像并不会构成侵权。这些例外情形除民法典总则编民事责任一章和侵权责任编规定的正当防卫、紧急避险、自助行为、不可抗力、当事人同意等一般的免责事由外,还有本条规定的几类特殊免责事由,也可以说是合理使用情形。规定这几类合理使用情形,既是基于肖像权人本身利益的需要,也是保护社会公共利益的需要。根据本条的规定,实施以下五种行为的,不需要肖像权人的同意。

一是,为个人学习、艺术欣赏、课堂教学或者科学研究,在必要范围内使用肖像权人已经公开的肖像。为了个人学习、艺术欣赏的目的使用他人已经公开的肖像,是个人从事的正常社会活动,且这种使用并不会对权利人的肖像权造成损害。若不允许民事主体在个人学习、艺术欣赏时使用他人已经公开的肖像,必然对个体的自由造成严重的妨碍,对于提升个人的文化修养水平也是很不利的。同理,课堂教学和科学研究对促进社会进步和文化发展具有重大意义,特别是对于将我国建设成为一个文化强国、科技强国更是必不可少的。因此,为了课堂教学和科学研究合理使用他人已经公开的肖像是基于社会公共利益对肖像权所作的合理限制,例如为了课堂教学的需要,在课堂上使用了某一著名科学家的肖像;为了科学研究的需要,对某一特定群体进行摄影录像。但是,需要强调的是,即便为个人学习、艺术欣赏、课堂教学或者科学研究目的使用肖像权人已经公开的肖像,也不得滥用。例如,不得以科学研究为幌子,对肖像权人的生活造成严重影响;更不得以从事艺术欣赏为名,将他人的肖像用于营利目的。基于此,本条第 1 项明确规定了两个限制条件:第一,为个人学习、艺术欣赏、课堂教学或者科学研究,只能在必要范围内使用他人肖像,超出必要范围使用的,也造成侵权。第二,为个人学习、艺术欣赏、课堂教学或者科学研究,只能使用他人已经公开的肖像;权利人尚未公开的肖像,即使使用人是出于个人学习、艺术欣赏、课堂教学或者科学研究的目的,且在必要范围内使用,也是不允许的。

二是,为实施新闻报道,不可避免地制作、使用、公开肖像权人的肖像。实施新闻报道就是对新近发生的客观事实进行报道和传播。新闻报道的主要功能是报道新闻信息、反映和引导舆论,具有极强的社会公共利益性质,是一个社会文明发展和进步必不可少的。基于此,本法第 999 条规定,为公共利益实施新闻报道、舆论监督等行为的,可以合理使用民事主体的姓名、名称、肖像、个人信息等;使用不合理侵害民事主体人格权的,应当依法承担民事责任。本条第 2 项规定实际上是对第 999 条规定的进一步落实和细化。从法理上讲,新闻报道的一般都是集会、庆典等公开性的活动和事件，而这些活动和事件一般都具有较强的新闻价值，自然人参加这些活动或者参与到这些事件中，就应当意识到这些活动或者事件有可能被记载或者被公开报道，就意味着在一定程度上自愿处分了自己的肖像权，是用行为体现的一种默示同意，因此这种新闻报道从本质上讲也没有违背肖像权人的真实意愿。当然在现实中也存在肖像权人在公开场合在新闻报道中"被动入镜"的情形，可能肖像权人本身并不愿意入镜，更不愿意被报道，但考虑到新闻报道本身的及时性和真实性，更为了社会公共利益的考虑，新闻报道者也可以不经肖像权人同意而制作、使用、公开肖像权人的肖像。这是多数国家和地区的普遍做法，我国现行著作权法对著作权的合理使用的规定也遵循同样的规则。但因新闻报道而制作、使用、公开肖像权人的肖像，必须是不可避免的，如果在新闻报道中完全可以避免制作、使用、公开肖像权人的肖像，就应当避免制作、使用、公开肖像权人的肖像，否则也有可能构成侵犯他人的肖像权。

三是，为依法履行职责，国家机关在必要范围内制作、使用、公开肖像权人的肖像。国家机关依法履行职责属于行使公权力，履行公权力要么是为了维护社会秩序，要么是为了保护公众安全，要么是为了维护其他国家利益和社会公共利益，例如为了调查具有高度传染性的传染病患者、通缉罪犯等行为。为了维护国家利益和社会公共利益，国家机关在依法履行职责的过程中，可以在必要范围内制作、使用、公开肖像权人的肖像。但是国家机关也不得滥用这种权力，对肖像权的使用应当符合行政行为的比例原则。本条第 3 项明确规定了两个限制条件：其一，国家机关必须是在依法履行职责时，才可以制作、使用、公开肖像权人的肖像;若履行职责没有明确的法律依据,则不得制作、使用、公开肖像权人的肖像。其二,国家机关必须在必要范围内制作、使用、公开肖像权人的肖像,超出必要范围的,即使是依法履行职责,也构成对肖像权的侵犯。

四是,为展示特定公共环境,不可避免地制作、使用、公开肖像权人的肖像。这种合理使用的情形较为特殊,但也是民事主体进行社会活动必不可少的。这种情形若要取得肖像权人的同意才可以制作、使用、公开其肖像,也将限制人们的行动自由。例如,将某人在公共场所实施不文明的形象拍摄下来;游客拍摄某一著名旅游景点的景色时,就有可能将一些游客摄入其中。这些情形都是为了展示特定公共环境,不可避免地制作、使用了肖像权人的肖像。但是这种合理使用也有严格的条件限制。根据本条第4项的规定:第一,制作、使用、公开肖像权人的肖像是为了展示特定的公共环境。第二,即使是为了展示特定公共环境,也必须是"不可避免"地制作、使用、公开肖像权人的肖像,若在展示特定公共环境时可以避免制作、使用、公开肖像权人的肖像,则不构成合理使用。

五是,为维护公共利益或者肖像权人合法权益,制作、使用、公开肖像权人的肖像的其他行为。本条第5项规定实际上是一个兜底条款。因为在现实中,涉及公共利益和肖像权人本人利益的事项有可能不仅仅限于前四种情形。例如,对先进人物的照片进行展览;当事人在诉讼过程中,确有必要为主张自己的权利或者证明案件的事实,而在举证中使用、公开了他人的肖像;为了寻找下落不明的人而在寻人启事上使用其肖像,等等。本项规定,为司法实践的发展留出了一定的空间。但需要特别强调的是,本项规定并不等于法院可以随意自由裁量,法院更不得滥用本项规定或者将本项规定泛化。要适用本项规定的情形,应当符合以下条件:第一,必须是为了公共利益或者为了肖像权人本人的利益。第二,必须是在必要范围内使用、公开,例如寻人启事上的肖像只得用于寻人之用,不得用于商业促销。

最后,还需要强调的是,即使构成本条规定的五种情形之一,也必须合理实施制作、使用、公开他人肖像的行为。因此,本条开宗明义就规定,合理实施下列行为的,才可以不经肖像权人同意。

第一千零二十一条　当事人对肖像许可使用合同中关于肖像使用条款的理解有争议的,应当作出有利于肖像权人的解释。

第一千零二十二条　当事人对肖像许可使用期限没有约定或者约定不明确的,任何一方当事人可以随时解除肖像许可使用合同,但是应当在合理期限之前通知对方。

当事人对肖像许可使用期限有明确约定,肖像权人有正当理由的,可以解除肖像许可使用合同,但是应当在合理期限之前通知对方。因解除合同造成对方损失的,除不可归责于肖像权人的事由外,应当赔偿损失。

【释义】　这两条是关于肖像许可使用合同的规定。

这两条规定的都是肖像许可使用合同,但实际上都涉及对肖像的经济利用问题。在民法典编纂过程中,对是否允许权利人许可他人对肖像权、姓名权、名称权等标表型的人格权进行经济利用,有不同意见。有的意见认为,人格权不可以被经济利用,否则是对人格权保护的矮化。另一种意见则认为,对肖像权、姓名权、名称权等标表型人格权进行经济利用是现实发展的需要,也是新型人格权发展的需要,规定这些内容恰恰是为了更好地规范这个问题。民法典采纳了第二种观点,主要基于以下几点考虑:一是现实的需要。实践中不少自然人特别是名人都在许可他人使用自己的肖像,例如商家将明显的肖像用于广告促销,不但产生了巨大的经济价值,而且这种使用不违背公序良俗。二是立法的延续。2009年通过的侵权责任法第20条就明确规定,侵害他人人身权益造成财产损失的,按照被侵权人因此受到的损失赔偿;被侵权人的损失难以确定,侵权人因此获得利益的,按照其获得的利益赔偿;侵权人因此获得的利益难以确定,被侵权人和侵权人就赔偿数额协商不一致,向人民法院提起诉讼的,由人民法院根据实际情况确定赔偿数额。该规定实际上明确认可了肖像权等标表型人格权可以被许可使用产生经济收益。三是借鉴了境外的立法经验。近现代以来,英美法系和大陆法系基本上都认可对肖像进行经济利用,大陆法系国家和地区采取了人格利益商品化的方法,英美法系中的美国则采用了"公开权"的模式认可了对肖像的经济利用。基于此,本法第993条规定,民事主体可以将自己的姓名、名称、肖像等许可他人使用,但是依照法律规定或者根据其性质不得许可的除外。本法第1018条第1款也明确规定,自然人享有肖像权,有权依法许可他人使用自己的肖像。肖像权人可以许可他人使用自己的肖像,是指肖像权这种人格权可以附带产生经济利益,并没有改变肖像权的人格权基本性质。本章关于肖像许可使用合同的这两条规定就是建立在这个基础之上的。需要特别注意的是,肖像许可使用合同中的"许可",

是许可他人在商品、商标或者服务等上面使用肖像，不包括以区别于他人的目的正当使用肖像。

肖像许可使用合同是肖像权人许可他人使用自己肖像最为典型的许可方式，是指肖像权人与他人通过签订合同的方式约定他人在特定期限、特定范围以特定方式使用自己的肖像。这种合同可以是有偿的，也可以是无偿的。肖像许可使用合同作为一种合同，与民法典合同编规定的其他合同具有不少共同点，也需要适用总则编和合同编规定的一些基本原则和基本规则，如合同自愿原则、公序良俗原则、诚信原则、民事法律行为无效情形等。根据本法第 153 条第 2 款的规定，违背公序良俗的民事法律行为无效。权利人如果签订合同许可他人将其肖像制成色情图片或者视频予以销售，则这种合同因违背公序良俗，应当无效。但是，与一般的合同相比，这种合同又具有一些特殊的地方，最为特殊的地方就是肖像许可使用合同涉及肖像权人的人格利益。因此，在许可使用中，就会涉及人格利益和财产利益的冲突，尤其在肖像许可使用合同的解释、解除等问题上，合同编的既有体系无法完全容纳这些内容，人格权编有必要对此作出特殊规定，以更好地平衡人格利益和财产利益的冲突，加强对人格利益的保护。本法第 1021 条、第 1022 条规定就是关于肖像许可使用合同特殊规则的规定。根据本法第 1021 条的规定，当事人对肖像许可使用合同中关于肖像使用条款的理解有争议的，应当作出有利于肖像权人的解释。这与一般合同的解释规则是不同的。根据本法第 466 条的规定，当事人对合同条款的理解有争议的，应当按照所使用的词句，结合相关条款、行为的性质和目的、习惯以及诚信原则，确定争议条款的含义。而根据本法第 1021 条的规定，当事人对肖像许可使用条款的理解产生争议的，则不需要考虑本法第 466 条所规定的因素，原则上应当直接作出有利于肖像权人的解释，除非这种解释严重不公平。之所以作出这样规定，是为了加强对肖像权的保护。本条中规定的“关于肖像使用条款的理解有争议”，是指因合同条款的内容模糊不清等原因导致双方理解不一，发生争议的情况，并非当然是指对肖像许可的范围、方式等约定不明确。相关内容没有约定或者约定不明确的情况下，只要双方当事人同意，仍可以适用本法第 510 条、第 511 条的规定确定相关内容，且根据本法第 1022 条第 1 款的规定，当事人对肖像许可使用期限没有约定或者约定不明确的，任何一方当事人可以随时解除肖像许可使用合同，但是应当在合理期限之前通知对方。

本法第 1022 条针对肖像许可使用合同的使用期限问题作了特别规定。根据该条第 1 款的规定，当事人对肖像许可使用期限没有约定或者约定不明确的，任何一方当事人可以随时解除肖像许可使用合同，但是应当在合理期限之前通知对方。这实际上赋予了双方当事人在肖像许可使用合同对肖像许可使用期限没有约定或者约定不明确的情况下任意解除合同的权利，但任何一方当事人行使这种任意解除权，应当在合理期限之前通知对方当事人，至于“合理期限”有多长，应当根据个案处理。这与一般合同的期限约定不明或者没有约定的情况下的处理规则不完全相同，根据本法第 510 条、第 511 条的规定，合同生效后，当事人就合同内容没有约定或者约定不明确的，可以协议补充；不能达成补充协议的，按照合同相关条款或者交易习惯确定。仍不能确定履行期限的，债务人可以随时履行，债权人也可以随时请求履行，但是应当给对方必要的准备时间。当然，本法第 1022 条只是赋予了双方当事人在没有约定期限或者约定不明的情况下享有任意解除权，但双方当事人并非一定要解除合同，若愿意放弃这种权利，继续履行合同的，仍可以依据本法第 510 条、第 511 条的规定对合同进行补充或履行。

根据本法第 1022 条第 2 款的规定，当事人对肖像许可使用期限有明确约定，肖像权人有正当理由的，可以解除肖像许可使用合同。这实际上赋予了肖像权人在许可使用期限即使约定明确的情况下，也可以单方解除肖像许可使用合同的权利。赋予肖像权人单方解除权也是为了更好地保护肖像权人的人格利益。但肖像权人行使这种单方解除权是有条件限制的：一是，要有正当理由，这种正当理由可以是民法典合同编第 563 条规定的情形，也可以是第 563 条规定情形之外的其他正当理由，例如被许可使用人的违约行为即使不构成第 563 条所规定的重大违约，只是一般违约，肖像权人也可以单方解除合同。二是，肖像权人行使单方解除权应当在合理期限之前通知对方，以便让对方当事人有一定的准备和缓冲时间。三是，肖像权人因解除合同造成对方损失的，除不可归责于肖像权人的事由外，应当赔偿损失。

第一千零二十三条　对姓名等的许可使用，参照适用肖像许可使用的有关规定。

对自然人声音的保护，参照适用肖像权保护的有关规定。

【释义】　本条是关于姓名的许可使用和对声音保护的规定。

姓名、名称与肖像一样都是民事主体的外在标识和特征，从理论上讲,都属于标表型人格权。这些标表型人格权的客体都具有一定的经济价值,可以被许可使用。近现代的不少国家和地区基本上都允许这几种标表型人格权的客体被许可使用。根据本法第993条的规定,民事主体可以将自己的姓名、名称、肖像等许可他人使用,但是依照法律规定或者根据其性质不得许可的除外。本法第1012条、第1013条更是明确规定,自然人有权依法许可他人使用自己的姓名;法人、非法人组织有权依法许可他人使用自己的名称。本编第3章"姓名权和名称权"并没有对姓名、名称被许可使用的规则作出具体规定,主要是考虑到姓名、名称与肖像被许可使用的相似性,所以本条第1款规定,对姓名等的许可使用,参照适用肖像许可使用的有关规定。之所以在"姓名"后加个"等",主要是考虑到还有名称等也可以被许可使用。之所以规定"参照"适用肖像许可使用的有关规定,而非直接适用肖像许可使用的有关规定,主要是考虑到姓名、名称与肖像虽都可以被许可使用,但毕竟是不同的人格权,还存在不同之处。例如,姓名具有较强的伦理和身份性,但肖像却不具有这些特征,因此还不能完全适用肖像许可使用的相关规定,只能"参照"适用。从本章的规定看,姓名等的许可使用,可以参照适用的肖像许可使用规则主要是本法第1021~1022条的规定。

在本编的编纂过程中,对于是否将肖像权的保护延伸到对声音的保护有不同意见。有的认为,声音的可识别性不是很明显,还不足以构成一种具体人格权的客体,不宜将肖像权的保护延伸到声音上,否则容易被滥用,对他人的行动自由和表达自由产生影响。但不少意见认为,声音标识一个自然人的人格特征,特别是对于一些声音特殊的配音演员、播音员等自然人来说,声音更是彰显了其人格特征,如播音员赵忠祥、评书表演艺术家单田芳的声音等。对这些具有一定可识别性的声音若不加以保护,就有可能对该自然人的人格尊严造成损害。经研究认为,声音虽还不足以构成一种具体的人格权,但若对声音一概不予保护,任由他人随意复制、模仿、伪造特定自然人的声音,确有可能对该自然人的人格尊严造成较大的损害,特别是随着人工智能技术和大数据技术的发展,利用信息技术手段"深度伪造"他人声音的情形不但会严重损害该自然人的人格尊严,而且具有极大的社会危害性。基于此,本条第 2 款规定,对自然人声音的保护,参照适用肖像权保护的有关规定。根据该规定,对自然人的声音应当加以保护,但受到保护的声音应当足以识别到特定自然人,且考虑到声音毕竟还不能构成一种具体人格权,所以只能参照适用肖像保护的规则,不能完全适用肖像保护的规则。单纯模仿他人的声音并不构成侵权。例如,现在不少电视节目举办的声音"模仿秀"原则上就不构成侵权,不宜适用肖像保护的规则,否则会给一般人的行为自由和表达意愿带来严重的限制。但是若以侮辱性或者其他违背公序良俗的方式模仿或者伪造他人的声音的,则可以适用肖像权保护的相关规定,予以禁止。

第五章　名誉权和荣誉权

本章共 8 条,对名誉的定义、如何处理好新闻报道与名誉权保护的关系、判断新闻媒体是否履行核实义务应当考虑的因素、作品真实性例外规则、名誉权人的更正请求权、信用评价、荣誉权的保护等内容作了规定。

第一千零二十四条　民事主体享有名誉权。任何组织或者个人不得以侮辱、诽谤等方式侵害他人的名誉权。

名誉是对民事主体的品德、声望、才能、信用等的社会评价。

【释义】　本条是关于名誉权的内容及名誉定义的规定。

(一)立法背景

名誉权是民事主体所享有的一种重要人格权,关系到民事主体在社会经济生活中所处的地位以及应受到的信赖和受到尊重的程度,是民事主体进行民事活动,乃至其他社会活动的基本条件。对于自然人而言,名誉权关乎其人格尊严;对于法人、非法人组织而言,名誉权关乎其社会信誉,这种信誉是法人、非法人组织在比较长的时间内,在它的整个活动中逐步形成的,特别是企业法人、非法人组织的名誉,反映了社会对它在生产经营等方面表现的总的评价,往往会对其生产经营和经济效益发生重大的影响。因此,对于民事主体而言,名誉权的地位极为重要。名誉权作为民事权利在世界各国和地区的立法和司法实践中很早就得到承认,例如其最早在古罗马的侵权行为诉讼制度中就得到认可,并且被近现代的不少大陆法系国家和地区继承。近现代国家和地区都相当重视对名誉权的保护,无论是承认一般人格权保护模式的德国,还是采取具体人格权保护方式的法国,还是采取禁止侵害保护模式的日本,都从理论、立法或者实务上承认名誉权的地位。例如我国澳门特别行政区民法典规定，任何人均有权受保护，以免被他人以提出某种事实或者作出某种判断，使其名誉、别人对其之观感、名声、声誉、个人信用及体面受侵犯。《越南民法典》规定，个人的名誉、人格及尊严受到尊重并受法律保护。英美法系国家和地区，对名誉权的保护更是经过长时间的发展形成了较为完善的规则，例如《美国侵权法第二次重述》对诽谤侵权制度作了详细规定。自改革开放以来，我国就相当重视名誉权的保护，现行宪法第38条规定，中华人民共和国公民的人格尊严不受侵犯。禁止用任何方法对公民进行侮辱、诽谤和诬告陷害。这为保护名誉权提供了宪法依据。1986年的民法通则第101条规定，公民、法人享有名誉权，公民的人格尊严受法律保护，禁止用侮辱、诽谤等方式损害公民、法人的名誉。2009年的侵权责任法第2条更是强调了名誉权作为一种重要民事权利的地位。2017的民法总则第110条则明确了名誉权的人格权地位。此外，我国还有不少单行法律对名誉权的保护作了规定，例如妇女权益保障法第42条规定，妇女的名誉权等人格权受法律保护。禁止用侮辱、诽谤、大众传播媒介等方式损害妇女的人格尊严。本条第1款在吸收和借鉴我国现行法律规定以及借鉴境外立法经验的基础上，明确规定，民事主体享有名誉权。任何组织或者个人不得以侮辱、诽谤等方式侵害他人的名誉权。

（二）对本条含义的理解

实践中，侵害名誉权的行为主要表现为侮辱、诽谤行为。侮辱行为是指公然以暴力、谩骂等方式贬损他人名誉的行为。侮辱行为既包括行为方式，也包括语言方式，还包括文字方式。

诽谤行为是指以散布捏造或者夸大的事实故意损害他人名誉的行为。诽谤既可以是口头诽谤,也可以是文字诽谤。侮辱、诽谤是比较典型且较恶劣的侵害名誉权的行为,但实践中侵害名誉权的行为并不限于这两种,例如过失地将他人视为罪犯并将该信息予以公开,等等。基于此,本条第1款规定,任何组织或者个人不得以侮辱、诽谤等方式侵害他人的名誉权。在判断某一行为是否构成侵害名誉权时,需要注意几点:一是,受害人的社会评价是否降低,没有受害人社会评价的降低,就不存在名誉权受损害的问题。受害人社会评价是否降低,应当以社会一般人的评价为标准进行判断,不能仅以受害人自己的主观感受为标准。本条所强调的"任何组织或者个人不得以侮辱、诽谤等方式侵害他人的名誉权",其目的就是保护自然人的名誉不受他人贬损,社会评价不被降低。只有当其社会评价降低时,才能通过名誉权制度获得救济。二是,如果行为人发布的信息或者所作的陈述真实客观,且没有包含侮辱性的内容,即使受害人认为自己的名誉受到了损害,也不构成名誉权侵权。三是,行为人侵害他人名誉权的行为需要受害人以外的人知悉。正如本条第2款的规定,名誉是对民事主体的品德、声望、才能、信用等的社会评价,也就是社会公众对民事主体的评价。如果行为人的侵害行为没有被受害人以外的人所知悉,其社会评价就不存在降低或者受损的问题,自然也就不存在名誉权受损害的问题。需要注意的是,传播了虚假的事实、造成受害人的社会评价降低是构成名誉权侵权必须具备的两个要件。否则,虽然传播了虚假事实,并未因此导致他人社会评价降低的,不构成侵害名誉权的侵权行为。四是,行为人的行为具有过错,名誉权侵权属于一般侵权行为,因此,行为人的过错也是这种侵权的构成要件,这种过错既表现为故意,也表现为过失。最后,需要强调的是,在判断是否构成名誉权侵权以及承担损害赔偿责任的程度时,除要考虑前述要件外,还需要考虑多种因素。根据本法第998条的规定,认定行为人承担侵害除生命权、身体权和健康权外的人格权的民事责任,应当考虑行为人和受害人的职业、影响范围、过错程度,以及行为的目的、方式、后果等因素。如果行为人采取了较为恶劣的方式,如暴力侮辱等方式,构成名誉权侵权的可能性就更大。还如,行为人检举、控告,导致他人名誉贬损的,一般不构成侵害名誉权;但是借检举、控告之名侮辱、诽谤他人,造成他人名誉贬损的,可能会构成侵害名誉权。

确定名誉的内涵是保护名誉权的前提和基础。理论界和实务界对于如何界定名誉的内涵有不同观点。一种意见认为,名誉是个人凭借其天赋、财富、学历、地位和品德等各种人格特质在他人心目中所形成的声名及荣誉。一种意见认为,名誉是指社会上人们对于民事主体的品德、情操、才干、声望、信誉和形象等方面的综合评价。另一种意见认为,名誉是指公民的人格尊严。还有一种意见认为,名誉既指对个人内在价值本身的评价,也指对个人人格价值的社会评价。这四种观点的共同之处是都强调名誉与社会评价之间的密切关联,所不同的主要是对主观名誉(名誉感)是否纳入名誉权的范围加以保护有不同认识,以及对是否以人格尊严这个极为抽象的概念来指代名誉有不同认识。目前,主流的观点认为,法律保护名誉权的目的在于使民事主体的社会评价不因他人非法行为而降低,以维护民事主体在社会经济生活中的地位和尊严,保持人与人之间的正常交往秩序。判断社会评价是否降低应当有客观标准,而非一个人内心的主观感受，否则在实践中很难操作。因此，名誉不应当是一个特定的人对另一个人的评价，也不是一个人的自我评价，而是社会公众对特定人的评价。这种社会评价既可能是对民事主体品德、声望、才能、信用等方面的综合评价，也可能是对民事主体品德、声望、才能、信用等方面中某一方面的评价。但无论是综合性的社会评价，还是某一方面的社会评价，都应当纳入名誉权的范围，受到法律保护。此外，人格尊严是所有具体人格权的价值基础，自然人享有的所有具体人格权都是人格尊严的体现，以人格尊严指代名誉，实际上混淆了名誉权这种具体人格权与一般人格权的界限。民法典采纳了主流意见，本条第2款明确规定，名誉是对民事主体的品德、声望、才能、信用等的社会评价。根据本款规定，自然人的名誉感是一种内心的主观感受，不属于社会评价，不纳入名誉权的保护范围。如果自然人认为自己的名誉感受到了他人的侵害，且有证据证明他人的行为有过错、过错行为与自己名誉感受损之间存在因果关系的，可以以自己的人格尊严受到侵害为由，要求对方承担民事责任。

在理解名誉权的内涵和外延时，还有一个问题需要说明，即信用是单独作为一种民事权利加以规定，还是纳入名誉权的范畴加以规定。对于这个问题，在制定民法典总则编时就存在一定的争议。在人格权编的编纂过程中，对这个问题仍争论不止。有的意见认为，信用是对民事主体经济能力的社会评价，信用权是现代市场经济下的一项重要权利，应当将其作为一项独立的具体人格权加以规定。有的意见认为，从理论上讲，信用是对民事主体经济能力的社会评价，名誉是对民事主体品德、声望、才能、信用等的社会评价，其已经包含了信用的内容，且损害他人名誉与损害他人信用的民事责任也相同。从现实情况看，我国的民法通则和侵权责任法均将信用视为名誉的一部分加以规定，目前司法实践采纳了第二种观点，本条第 2 款明确延续了我国原有法律的规定和司法实践的做法，将信用纳入名誉的范围。同时本法第 1029 条规定，民事主体可以依法查询自己的信用评价；发现信用评价不当的，有权提出异议并请求采取更正、删除等必要措施。信用评价人应当及时核查，经核查属实的，应当及时采取必要措施。第 1030 条规定，民事主体与征信机构等信用信息处理者之间的关系，适用人格权编有关个人信息保护的规定和其他法律、行政法规的有关规定。因此，适用名誉权的相关规则保护民事主体的信用可以满足现实需要。基于此，没有必要单独规定信用权。

第一千零二十五条　行为人为公共利益实施新闻报道、舆论监督等行为，影响他人名誉的，不承担民事责任，但是有下列情形之一的除外：

（一）捏造、歪曲事实；

（二）对他人提供的严重失实内容未尽到合理核实义务；

（三）使用侮辱性言辞等贬损他人名誉。

【释义】　本条是关于如何处理好实施新闻报道、舆论监督等行为与保护名誉权关系问题的规定。

新闻报道是指报纸、刊物、广播、电视等大众传媒及时将新闻事实予以公开和传播的行为，其是新闻单位对新近发生的事实的报道，这些事实包括政治、经济、军事、外交等社会公共事务以及社会突发事件。舆论监督是指社会公众运用各种传播媒介对社会运行过程中出现的现象表达信念、意见和态度，对各种违法违纪行为所进行的揭露、报道、评论或者抨击的行为。实施新闻报道、舆论监督等行为，是保障媒体监督权、公民知情权和维护社会公平正义的重要手段和方式，对于公民参政议政、推进我国的民主法治建设以及推进国家治理体系和治理能力现代化具有重要意义。现代社会和现代国家均强调新闻报道、舆论监督的重要性，并从立法的角度加以保障。我国宪法也对此作了明确规定，宪法第 35 条规定，中华人民共和国公民有言论、出版等自由。第 41 条规定，中华人民共和国公民对于国家机关及其工作人员有批评监督权。但是行为人在实施新闻报道、舆论监督等行为时，常常不可避免会影响他人的名誉。在民法典人格权编的立法中，特别是在本章的立法中，如何处理好实施新闻报道、舆论监督等行为与保护名誉权的关系是一个重点难点问题。经过反复研究，本条规定，行为人为公共利益实施新闻报道、舆论监督等行为，影响他人名誉的，不承担民事责任。也就是说，行为人实施新闻报道、舆论监督等行为，影响他人名誉的，原则上不承担民事责任。之所以这样规定，主要考虑是：新闻报道涉及社会利益与公众利益，关系到党和国家新闻事业、新闻媒体社会责任以及新闻工作者的权利，关系到言论自由等宪法权利，还关系到人民的知情权。并且，新闻报道具有激浊扬清、针砭时弊等非常重要的社会功能。国家对新闻报道的要求、法律对新闻报道的要求，就是内容的真实性和客观性。我们党和国家一向强调，要“把党内监督、法律监督和群众监督结合起来，发挥舆论监督的作用”。因此，对新闻报道、舆论监督侵害名誉权的案件，不能按照一般的侵权案件处理，在权衡加害人与被害人的权益之外，还须特别考虑到新闻报道、舆论监督等行为是促进和保护公共利益的行为，对维护一个社会的公平正义，保障公民知情权必不可少，若动辄让从事新闻报道、舆论监督等行为的行为人承担民事责任，有可能产生“寒蝉效应”，对国家和社会的发展和进步是极为不利的。

需要特别强调的是，本条虽对实施新闻报道、舆论监督等行为规定了特别保护条款，但是实施新闻报道、舆论监督等行为并非在任何情况下都不承担民事责任。根据本条的规定，有下列情形之一的，实施新闻报道、舆论监督等行为的行为人仍应当承担民事责任：

一是捏造、歪曲事实。客观真实是对新闻报道、舆论监督最基本的要求，行为人在从事新闻报道、舆论监督中应当力求所报道的情况、所反映或者检举控告的情况客观真实。但是，若行为人在新闻报道、舆论监督中捏造或者歪曲事实，不但是对新闻报道、舆论监督最基本要求的违反，而且为假借新闻报道、舆论监督之名行诬告、陷害之实打开了方便之门，会对他人的名誉造成损害，实际上是滥用新闻报道、舆论监督的行为。对于捏造、歪曲事实这种主观恶意大，后果一般都较为严重的侵权行为，法律必须禁止，行为人也必须承担法律责任。我国现行的司法解释规定，公民依法向有关部门检举、控告他人的违法违纪行为，他人以检举、控告侵害其名誉权向人民法院提起诉讼的，人民法院不予受理。如果借检举、控告之名侮辱、诽谤他人，造成他人名誉损害，当事人以其名誉权受到侵害向人民法院提起诉讼的，人民法院应当受理。消费者对生产者、经营者、销售者的产品质量或者服务质量进行批评、评论，不应当认定为侵害他人名誉权。但借机诽谤、诋毁，损害其名誉的，应当认定为侵害名誉权。本条第 1 项规定基本上吸收借鉴了司法解释的规定。

二是对他人提供的严重失实内容未尽到合理核实义务。理论上将言论分为对事实的描述和对意见的陈述。对事实的描述是对客观发生的事实进行的具体描述,其判断的标准是"真实性";对意见的陈述是对已经发生事实的性质、价值、意义等方面的主观评论,其无所谓真实不真实,原则上不会构成侵权。对于从事新闻报道、舆论监督等行为的行为人而言,对于事实的报道和反映应当通过实地采访或者充分核实等方式力求客观真实。对于他人提供的情况,特别是二手材料,更应当进行核实,绝不能道听途说,否则行为人就应当对因严重错误或者失实的报道损害他人名誉的行为承担民事责任。基于此,本条规定,实施新闻报道、舆论监督等行为的行为人,对他人提供的严重失实内容未尽到合理核实义务损害他人名誉的,应当承担民事责任。需要注意两点:其一,本条强调的是对他人提供的"严重失实内容"未尽到合理核实义务。行为人若对他人提供的主要内容进行了合理核实,即使对他人提供的非主要内容未尽到合理审核义务,原则上也不承担民事责任。例如,某人向某媒体反映一化工厂的两个排污管正在向长江大量排污,该媒体核实该化工厂确实正在向长江大量排污,但没有核实该化工厂是否用两个排污管排污,就将该事件报道了。该化工厂以该媒体报道的两条排污管排污与自己仅用一条排污管排污的事实不符为由,要求该媒体承担侵犯名誉权的民事责任。本案中,媒体虽对他人提供的几条排污管排污的情况未进行核实,但对他人提供的该化工厂排污这个基本事实尽到了合理核实义务,所以不需要承担民事责任。其二,行为人对他人提供的内容应当尽到"合理核实义务"。对于如何判断行为人是否尽到"合理核实义务",本法第 1026 条作了详细规定。根据该规定,认定行为人是否尽到合理核实义务,应当考虑下列因素:(1)内容来源的可信度;(2)对明显可能引发争议的内容是否进行必要的调查;(3)内容的时限性;(4)内容与公序良俗的关联性;(5)受害人名誉受贬损的可能性;(6)核实能力和核实成本。行为人应当就其尽到合理核实义务承担举证责任。

三是使用侮辱性言辞等贬损他人名誉。正如前文所言,新闻报道、舆论监督的内容应当尽量真实,评论也应当尽量客观公正,原则上满足了这个要求,行为人就不构成侵权。但是,在现实生活中,行为人从事新闻报道、舆论监督时报道或者反映的情况虽然都是真实的,但是在陈述该事实时却使用了侮辱性的言辞,例如某媒体在报道某女明星作为第三者破坏他人婚姻这一事实时,对该女明星使用了"荡妇""破鞋"等具有侮辱性的言辞。报道的事实虽是真实的,但所用言辞贬损了该女明星的名誉,该媒体也应当承担民事责任。我国现行的司法解释规定,新闻单位对生产者、经营者、销售者的产品质量或者服务质量进行批评、评论,内容基本属实,没有侮辱内容的,不应当认定为侵害其名誉权。根据该司法解释的规定,内容基本属实,但有贬损他人名誉的侮辱性内容的,也应当承担侵权责任。本条第 3 项规定吸收了司法解释的规定。

第一千零二十六条　认定行为人是否尽到前条第二项规定的合理核实义务,应当考虑下列因素:

(一)内容来源的可信度;

(二)对明显可能引发争议的内容是否进行了必要的调查;

(三)内容的时限性;

（四）内容与公序良俗的关联性；

（五）受害人名誉受贬损的可能性；

（六）核实能力和核实成本。

【释义】 本条是关于如何判断行为人是否履行了合理核实义务的规定。

根据本法第 1025 条的规定，行为人为公共利益实施新闻报道、舆论监督等行为时，对他人提供的基本内容应当履行合理核实义务；若对他人提供的严重失实内容未尽到合理核实义务，则可能会承担民事责任。可见，对他人提供的信息尽合理核实义务是从事新闻报道等行为的行为人的职业道德和法定义务。从司法实践看，新闻报道、舆论监督的内容严重失实基本上都是行为人未尽到合理核实义务导致的，例如新闻媒体的工作人员单方信任他人提供的信息，未对该信息内容作必要的核实，使报道的基本内容脱离实际或者完全与事实相背离，从而产生了名誉权侵权。但是在实践中如何判断行为人是否履行了合理核实义务却是一个难点，为了有利于实务操作，本条借鉴境外的立法经验，规定了判断行为人是否履行合理核实义务应当考虑的若干因素。

一是内容来源的可信度。若提供信息内容的来源可信度高，行为人核实的义务就低；若提供信息内容的来源可信度低，行为人核实的义务就高。例如，若信息内容来源于国家机关依职权制作的公开文书和实施的公开职权行为，则新闻媒体对这些信息内容履行的核实义务就很低，因为国家机关依职权制作的公文和实施的公开职权行为具有较高的公信力，新闻媒体不需要再履行很高的核实义务；但若信息内容由社会上的一个普通人或者与信息内容有关的利害关系人所提供,则新闻媒体在报道这些内容前应当慎重,应当进行反复核实。

二是对明显可能引发争议的内容是否进行了必要的调查。从事新闻报道的媒体或者从事舆论监督的行为人接收到他人提供的信息后应当对该信息内容进行分析判断,若发现该内容明显可能引发争议,就应当进行必要的调查以核实该内容是否属实;若明知该内容很可能引发争议却不进行必要的调查就进行报道,就可认定该行为人未尽到合理核实义务。例如,新闻媒体收到他人提供的关于某学者学术造假的信息内容,该内容明显可能引发争议,新闻媒体在正式报道前应当对此进行必要的调查,如亲自采访相关人员,或者对提供的信息内容亲自进行核对等。

三是内容的时限性。新闻报道一般都讲究时效性。如果他人提供的信息内容需要及时予以报道,来不及亲自实地采访或者核实情况,行为人的核实义务就较低。在新闻报道中,时效性越强,对事实的核实义务就越低。例如对公众人物的人格权的限制,也要考虑时间因素,如果经过长久的时间,所涉及的公共事件不再受公众关注,此时对他们人格权的保护,就应当恢复到一般人的水平。报道已经判决过的案件和正在审理中的案件,也会存在不同的要求。对于突发性的公共安全事件的报道,由于时效性相当强,媒体在根据他人提供的信息内容进行报道时核实义务就相对低些。

四是内容与公序良俗的关联性。若他人提供的信息内容与公序良俗密切相关,则新闻媒体等行为人承担的核实义务就低一些;若与公序良俗不相关,则新闻媒体等行为人承担的核实义务就相对高一些。例如,他人提供的信息内容涉及公众人物,则新闻媒体承担核实义务就相对低一些;若他人提供的信息内容只涉及某一普通公民,则新闻媒体则应当进行详尽的核实。

五是受害人名誉受贬损的可能性。若他人提供的信息内容对第三人的名誉造成损害的可能性很大,新闻媒体等行为人就要承担相对较高的核实义务;反之,承担的核实义务就相对较低。例如,他人提供的信息涉及某学者学术造假,这些信息内容涉及学者的重大声誉,对该学者的名誉造成贬损的可能性较大,新闻媒体对该信息内容应当承担较高的核实义务。

六是核实能力和核实成本。不同的行为人对他人提供的信息内容进行核实的能力是不同的,所付出的核实成本也是不同的,例如新闻媒体的核实能力就明显高于个体,对信息内容进行核实的成本也要明显低于个体进行核实的成本。因核实能力和核实成本的不同,不同行为人承担的核实义务也不完全相同。

对如何判断行为人是否履行了合理核实义务,本条列举了前述六项应当考虑的因素,但在实践中进行判断时并非要考虑所有因素,至于到底要考虑几项因素以及哪几项因素,应当根据具体情况来决定。此外,本条规定的因素仍然是较为抽象的,需要在个案中结合具体情况进行判断;同时,本条规定的六项因素也为实践中的案例类型化和司法实践提炼更具体的规则提供了依据和基础。

第一千零二十七条　行为人发表的文学、艺术作品以真人真事或者特定人为描述对象,含有侮辱、诽谤内容,侵害他人名誉权的,受害人有权依法请求该行为人承担民事责任。

行为人发表的文学、艺术作品不以特定人为描述对象,仅其中的情节与该特定人的情况相似的,不承担民事责任。

【释义】 本条是关于文学艺术作品创作可能产生的名誉侵权问题的规定。

文学艺术创作对于提高人民文化水平、繁荣我国文化、坚定文化自信具有重要意义。从事文学艺术创作是公民的一项权利，我国宪法第 47 条规定，中华人民共和国公民有进行科学研究、文学艺术创作和其他文化活动的自由。国家对于从事教育、科学、技术、文学、艺术和其他文化事业的公民的有益于人民的创造性工作，给以鼓励和帮助。文学艺术作品来源于生活，依托于现实，但往往又高于生活，具有一定的虚构性。例如，文学作品的种类多样，包括小说、纪实文学、报告文学等多种形式。纪实文学作品往往是以事实为基础的，虚构性的成分较少；报告文学一般介于虚和实之间，既有现实的内容也有虚构的内容；小说则基本上以虚构为主。正是由于文学艺术作品这种来源于生活同时又具有虚构性的特征，作者创作的文学艺术作品就有可能会对他人名誉造成侵害。在实践中，因文学艺术创作而产生的名誉权侵权纠纷日益增多。作者的创作自由需要保护，但这种自由不能被滥用，特别是不能放任这种自由严重损害他人的名誉权。因此，如何在保护作者创作自由和名誉权保护之间划定一个界限是本编立法需要面对的问题。

他山之石，可以攻玉。对于这个问题，一些国家和地区有相关的判例和立法可资借鉴。例如，美国的判例指出，当诽谤指向一个群体或者虚构小说人物时，必须判定诽谤言论是否与受害人相关。如果一个正常人阅读该小说时能够判断出该小说中的人物就是受害人，则诽谤侵权成立。我国澳门特别行政区出版法规定，在出版物中以隐喻、暗示或者隐晦语对他人构成侮辱或者诽谤者，均违反出版法。在我国，现行法律对文学艺术作品侵权的规定是缺失的。但最高人民法院根据司法实践的需要，制定了相关的司法解释。根据该司法解释，撰写、发表文学作品，不是以生活中特定的人为描写对象，仅是作品的情节与生活中某人的情况相似，不应认定为侵害他人名誉权。描写真人真事的文学作品，对特定人进行侮辱、诽谤或者披露隐私损害其名誉的；或者虽未写明真实姓名和住址，但事实是以特定人或者特定人的特定事实为描写对象，文中有侮辱、诽谤或者披露隐私的内容，致其名誉受到损害的，应认定为侵害他人名誉权。编辑出版单位在作品已被认定为侵害他人名誉权或者被告知明显属于侵害他人名誉权后，应刊登声明消除影响或者采取其他补救措施；拒不刊登声明，不采取其他补救措施，或者继续刊登、出版侵权作品的，应认定为侵权。考虑到文学艺术作品的多样性，本条在借鉴国外和我国澳门特别行政区立法经验和我国司法解释的基础上，区分两种情况作了规定：

一是行为人发表的文学、艺术作品以真人真事或者特定人为描述对象的情形。这主要是针对依赖于原型人物和现有事实创作出来的纪实类作品。由于这类作品是以真人真事或者特定人为描述对象，所以只要作品的描述以事实为基础，原则上不会构成名誉权侵权；但是，若行为人发表的文学、艺术作品虽以真人真事或者特定人为描述对象，使用的也是被描述对象的真实姓名、真实地址，却以谣言和捏造的事实为基础，对被描述对象进行侮辱、诽谤，从而造成其社会评价降低的，作者也应当依法承担民事责任。基于此，本条第1款规定，行为人发表的文学、艺术作品以真人真事或者特定人为描述对象，含有侮辱、诽谤内容，侵害他人名誉权的，受害人有权依法请求该行为人承担民事责任。这里需要强调的是，在行为人发表的文学、艺术作品虽以真人真事或者特定人为描述对象，但作者并未向第三人公开该作品的情形下，该作品无法为第三人所知悉，所以，即使该作品含有侮辱、诽谤内容，也不会降低被描述对象的社会评价，自然也不会损害其名誉权。所以适用本条第 1 款规定的前提条件是该作品已被公开。

二是行为人发表的文学、艺术作品不以特定人为描述对象的情形。这主要是针对作者创作的以想象虚构为主的小说等文学艺术类作品。由于这类作品是以想象虚构的内容为基础创作的，没有使用真人真事，并不是以特定人为描述对象，所以就很难对某人的名誉权造成侵害，即使是该作品中的情节与某特定人的情况相似的，也不构成侵害名誉权。也就是说，行为人发表的文学、艺术作品不以特定人为描述对象，仅是其中的情节与某人相似的情况下，不宜对号入座，不构成名誉权侵害。基于此，本条第 2 款规定，行为人发表的文学、艺术作品不以特定人为描述对象，仅其中的情节与特定人的情况相似的，不承担民事责任。现实生活是复杂多样的，作品创作也是如此，有的作品虽没有指名道姓，但一般读者通过阅读不可避免地会将作品中的人物与现实中的某一特定人“对号入座”的，此时就不构成本款所规定的“不以特定人为描述对象”的条件，这种情形不应适用本款的规定，而应适用本条第 1 款的规定。因此，判断某一作品是否以特定人为描述对象，关键不在于该作品是否指名道姓，而要从实质上认定该作品所描述的对象是否合理地指向现实中的真实人物。

第一千零二十八条　民事主体有证据证明报刊、网络等媒体报道的内容失实，侵害其名誉权的，有权请求该媒体及时采取更正或者删除等必要措施。

【释义】 本条是关于媒体报道内容失实侵害名誉权补救的规定。

报刊、网络等媒体的报道具有传播速度快、传播范围广、传播影响大等特点,再加上报刊、网络等媒体进行新闻报道时往往又要追求时效性、爆炸性等效果,因此,其报道的内容一旦失实,造成的后果将是十分严重的,对涉及的民事主体的名誉影响也是巨大的。因此,发现报刊、网络等媒体的报道失实后,采取措施及时切断这些失实报道内容的传播就极为必要。实践中,报刊、网络等媒体自己发现报道内容失实,自己及时采取措施进行更正当然是理所当然的;若自己发现报道失实后,还不采取措施更正的,就是明知报道失实还仍然报道,构成了恶意,对他人名誉造成损害的,应当承担侵权责任。此时,报刊、网络等媒体不可再援引本法第1025条的规定进行抗辩。若名誉权人发现报刊、网络等媒体报道的内容失实,能否直接要求报刊、网络等媒体更正呢?对于这个问题,从境外的立法看,瑞士等一些国家明确规定,名誉权人发现报刊、网络等媒体报道的内容失实的,有权要求媒体予以更正。我国的《出版管理条例》第27条规定,出版物的内容不真实或者不公正,致使公民、法人或者其他组织的合法权益受到侵害的,其出版单位应当公开更正,消除影响,并依法承担其他民事责任。报纸、期刊发表的作品内容不真实或者不公正,致使公民、法人或者其他组织的合法权益受到侵害的,当事人有权要求有关出版单位更正或者答辩,有关出版单位应当在其近期出版的报纸、期刊上予以发表;拒绝发表的,当事人可以向人民法院提起诉讼。在编纂过程中,不少意见也提出,考虑到媒体报道本身具有的特点,在不实报道发生后,如果赋予受害人请求媒体及时更正的权利,将可以最大限度地减少损害，具有很强的可操作性。建议借鉴境外立法经验和我国《出版管理条例》的规定，明确赋予名誉权人更正权。本法采纳了这一意见，明确规定，民事主体有证据证明报刊、网络等媒体报道的内容失实，侵害其名誉权的，有权请求该媒体及时采取更正或者删除等必要措施。

根据本条的规定，名誉权人有权请求媒体对不实报道内容进行更正或者删除，但前提是其有证据证明该媒体报道的内容是失实的。若名誉权人没有证据证明媒体的报道失实，其无权要求媒体进行更正。之所以强调这一点，是因为更正权是名誉权人未经过法院的诉讼程序直接向媒体提出的一种权利，若允许其没有证据就可以行使这一权利，将对报刊、网络等媒体的正常报道行为造成严重干扰，影响媒体正常功能的发挥。名誉权人向媒体提供了证据足以证明媒体的报道不实的，媒体应当及时予以更正。媒体仍拒不采取更正措施的，就是明知报道失实还仍然报道，构成了恶意，对他人名誉造成损害的，应当承担侵权责任。此时，媒体无权再援引本法第 1025 条的规定进行抗辩。对于名誉权人而言，其有证据证明媒体的报道失实，要求媒体更正，但媒体拒不更正的，其还有权请求人民法院责令该媒体限期更正。需要注意的是，名誉权人要求媒体更正并非其请求人民法院责令该媒体限期更正的前置程序。名誉权人在有证据证明媒体报道失实的情况下，也可以直接请求人民法院责令该媒体限期更正。所以，本条规定实际上也是本法第 997 条规定的特别禁令制度在本章的进一步具体化。

在编纂过程中，有的意见建议明确规定，在媒体采取更正或者删除措施后，其就不应当再对采取更正或者删除措施前名誉权人受到的损害承担民事责任。经研究认为，这一问题比较复杂,应当区分情况处理,不宜泛泛地作出这样的规定。本法第1025条规定,行为人为公共利益实施新闻报道、舆论监督等行为,影响他人名誉的,不承担民事责任,但是有下列情形之一的除外:(1)捏造、歪曲事实;(2)对他人提供的严重失实内容未尽到合理核实义务;(3)使用侮辱性言辞等贬损他人名誉。根据该规定,对于新闻报道和舆论监督报道,媒体在采取更正措施前的不失报道若属于媒体捏造、歪曲事实而导致,或者属于对他人提供的严重失实内容未尽到合理核实义务而导致,或者属于使用侮辱性言辞贬损他人名誉的,媒体仍应对采取更正措施前对他人名誉权造成的损害承担民事责任。只有不属于第1025条规定的三种例外情形,媒体才不对采取更正措施前的不实报道造成的损害承担民事责任。但是,即使不属于这三种例外情形,在名誉权人有证据证明媒体的报道失实,且请求媒体采取更正的情况下,媒体拒不更正的,这时媒体的行为就构成了第1025条规定的三种例外情形之一,其仍应对名誉权人提出更正请求之后对名誉权人造成的扩大损害承担民事责任。

第一千零二十九条　民事主体可以依法查询自己的信用评价;发现信用评价不当的,有权提出异议并请求采取更正、删除等必要措施。信用评价人应当及时核查,经核查属实的,应当及时采取必要措施。

【释义】　本条是关于信用评价的规定。

信用是指对一个民事主体履行义务能力,特别是经济能力的一种社会评价,根据本法第1024条的规定,信用是名誉的重要组成部分。市场经济既是法治经济,也是信用经济。只有在诚信的基础上,市场主体才能坦诚地进行交易,交易安全才有保障,才有利于促进商品流通,推动经济和社会的发展进步。建立良好的信用环境和信用制度,对促进我国社会主义市场经济健康有序发展极为重要。我国当前的社会信用环境还存在不少问题,如信用意识不强、信用失范现象时有发生等,亟须建立和完善相关的信用制度。信用评价制度就是提高信用环境的一种重要制度。所谓信用评价是银行等信用评估机构对借款人等民事主体的信用情况进行评估的一种活动。例如,银行贷款的最基本条件是信用,信用好就容易取得银行贷款支持,信用差就难以取得银行贷款支持。而借款人信用是由多种因素构成的,包括借款人资产负债状况、经营管理水平、产品经济效益及市场发展趋势等。为了对借款人信用状况有一个统一的、基本的、正确的评价,以便正确掌握银行贷款,就必须对借款人信用状况进行评价。在信用评价中,依法成立的信用评估机构,收集有关民事主体的偿债能力、责任财产、过往还债记录和市场声誉的资料,按照规定的信用评级制度,对相关民事主体的信用情况评级,并为进行投资和交易等民事活动的民事主体提供信用报告、公布信用等级。如果信用评估机构对被评估对象的信用状况作出了消极评价,则该被评估对象从事民事活动特别是从事经济活动就会受到极大制约,如出行受限、消费受限、借款受限等;有时信用评价甚至可以决定一个市场主体的经济命运,例如一家企业的信用级别,不但影响到其融资渠道、规模和成本,更反映了企业在社会上的形象和生存与发展的机会,是企业综合经济实力的反映,是企业在经济活动中的身份证。正因为信用评价对一个民事主体的名誉影响巨大,信用评估机构在进行信用评价时应当履行高度的注意义务,审慎、尽责、客观、公正地进行信用评价,否则就应当对民事主体的名誉权造成损害承担民事责任。信用评估机构在评价中尽到了高度注意义务的,则可以免责。

正因为信用评价会对一个民事主体的名誉造成重大影响,所以信用评估机构只有依照法律、行政法规的规定或者经信用评估结果涉及的民事主体同意,才能向其他机构和部门出示信用评价结果。民事主体也有权依法查询自己的信用评价结果,信用评估机构不得拒绝该民事主体查询自己的信用评价结果的要求。民事主体通过自己查询等方法发现信用评价不当的,有权向信用评估机构提出异议并要求采取更正、删除等必要措施。当然,民事主体请求信用评估机构采取更正、删除等必要措施时,应当提供相应的证据证明该信用评价结果不当。信用评估机构接到民事主体的异议和更正、删除等请求后,信用评价人应当及时对民事主体提供的证据进行核查,经核查属实的,应当及时采取更正、删除等必要措施。若信用评估机构接到民事主体的请求后,不进行核查,或者经核查属实后并未采取更正、删除等必要措施的,就构成过错,应当对民事主体承担侵害名誉权的民事责任。对于信用评估机构采取更正、删除等必要措施前对民事主体造成的名誉权损害,其是否承担民事责任,关键是看信用评估机构对形成不当的信用评价是否有过错,从原则上讲,信用评估机构有过错的,其就应当对损害后果承担民事责任。

需要说明的是,并非任何组织或者个人都可以对民事主体的信用状况进行评价,本条规定中的信用评价人必须是依法成立的机构。目前,我国的信用评价人主要是依法成立的征信机构,根据《征信业管理条例》的规定,征信机构是指依法设立,主要经营征信业务的机构。设立经营个人征信业务的征信机构,应当符合公司法规定的公司设立条件和下列条件,并经国务院征信业监督管理部门批准:(1)主要股东信誉良好,最近3年无重大违法违规记录;(2)注册资本不少于人民币5000万元;(3)有符合国务院征信业监督管理部门规定的保障信息安全的设施、设备和制度、措施;(4)拟任董事、监事和高级管理人员符合相关的任职条件;(5)国务院征信业监督管理部门规定的其他审慎性条件。申请设立经营个人征信业务的征信机构,应当向国务院征信业监督管理部门提交申请书和证明其符合该条例第6条规定条件的材料。国务院征信业监督管理部门应当依法进行审查,自受理申请之日起60日内作出批准或者不予批准的决定。决定批准的,颁发个人征信业务经营许可证;不予批准的,应当书面说明理由。经批准设立的经营个人征信业务的征信机构,凭个人征信业务经营许可证向公司登记机关办理登记。未经国务院征信业监督管理部门批准,任何单位和个人不得经营个人征信业务。

第一千零三十条　民事主体与征信机构等信用信息处理者之间的关系,适用本编有关个人信息保护的规定和其他法律、行政法规的有关规定。

【释义】　本条是关于处理信用信息所应遵循的规则的规定。

正如前条所言,名誉权人的信用是社会公众对其经济能力的评价和信赖,其对于名誉权人的影响重大。正因如此,信用评估应当具有客观性和公正性,不应带有任何偏见。要确保信用评估的客观性和公正性,信用评估就必须建立在真实的信用信息基础上。因此,信用评估人在对某民事主体进行信用评估前应当尽量全面准确地掌握该民事主体的资产状况、还债记录等信用信息,这是进行信用评估的前提和基础。

信用信息属于民事主体的个人信息。考虑到个人信息在现代社会对于个人的重要性和易受侵害性,我国加强了对个人信息的保护,本编第6章和网络安全法、消费者权益保护法、电子商务法、《征信业管理条例》等多部法律法规对个人信息的保护问题作了规定。征信机构等信用信息处理者在处理信用信息时,也应当遵守这些规则。基于此,本条规定,民事主体与征信机构等信用信息处理者之间的关系,适用人格权编有关个人信息保护的规定和其他法律、行政法规的有关规定。人格权编第6章对个人信息保护的基本规则作了规定:一是,处理自然人个人信息的,应当遵循合法、正当、必要原则,不得过度处理,并应当符合以下条件:(1)征得该自然人或者其监护人同意,但是法律、行政法规另有规定的除外;(2)公开处理信息的规则;(3)明示处理信息的目的、方式和范围;(4)不违反法律、行政法规的规定和双方的约定。二是,自然人可以向信息处理者依法查阅或者复制其个人信息;发现信息有错误的,有权提出异议并要求及时采取更正等必要措施。自然人发现信息处理者违反法律、行政法规的规定或者双方的约定收集、使用其个人信息的,有权要求信息处理者及时删除其个人信息。三是,信息处理者不得泄露其收集、存储的个人信息;未经自然人同意,不得向他人提供个人信息。但是经过处理无法识别特定个人且不能复原的除外。信息处理者应当采取技术措施和其他必要措施，确保其收集、存储的个人信息安全，防止信息泄露、篡改、丢失。发生或者可能发生个人信息泄露、篡改、丢失的情况的，应当及时采取补救措施，依照规定告知自然人并向有关主管部门报告。我国《征信业管理条例》对信用信息的处理问题作了较为详细的规定。根据该规定，行为人在处理信用信息时应当遵守以下原则：一是，采集个人信息应当经信息主体本人同意，未经本人同意不得采集。但是，依照法律、行政法规规定公开的信息除外。禁止征信机构采集个人的宗教信仰、基因、指纹、血型、疾病和病史信息以及法律、行政法规规定禁止采集的其他个人信息。征信机构不得采集个人的收入、存款、有价证券、商业保险、不动产的信息和纳税数额信息。但是，征信机构明确告知信息主体提供该信息可能产生的不利后果，并取得其书面同意的除外。二是，信息提供者向征信机构提供个人不良信息，应当事先告知信息主体本人。但是，依照法律、行政法规规定公开的不良信息除外。三是，征信机构对个人不良信息的保存期限，自不良行为或者事件终止之日起为 5 年；超过 5 年的，应当予以删除。在不良信息保存期限内，信息主体可以对不良信息作出说明，征信机构应当予以记载。四是，信息主体可以向征信机构查询自身信息。个人信息主体有权每年两次免费获取本人的信用报告。向征信机构查询个人信息的，应当取得信息主体本人的书面同意并约定用途。但是，法律规定可以不经同意查询的除外。五是，征信机构或者信息提供者、信息使用者采用格式合同条款取得个人信息主体同意的，应当在合同中作出足以引起信息主体注意的提示，并按照信息主体的要求作出明确说明。六是，信息使用者应当按照与个人信息主体约定的用途使用个人信息，不得用作约定以外的用途，不得未经个人信息主体同意向第三方提供。征信机构可以通过信息主体、企业交易对方、行业协会提供信息,政府有关部门依法已公开的信息,人民法院依法公布的判决、裁定等渠道,采集企业信息。信息主体认为征信机构采集、保存、提供的信息存在错误、遗漏的,有权向征信机构或者信息提供者提出异议,要求更正。征信机构或者信息提供者收到异议,应当按照国务院征信业监督管理部门的规定对相关信息作出存在异议的标注,自收到异议之日起20日内进行核查和处理,并将结果书面答复异议人。经核查,确认相关信息确有错误、遗漏的,信息提供者、征信机构应当予以更正;确认不存在错误、遗漏的,应当取消异议标注;经核查仍不能确认的,对核查情况和异议内容应当予以记载。

第一千零三十一条　民事主体享有荣誉权。任何组织或者个人不得非法剥夺他人的荣誉称号,不得诋毁、贬损他人的荣誉。

获得的荣誉称号应当记载而没有记载的,民事主体可以请求记载;获得的荣誉称号记载错误的,民事主体可以请求更正。

【释义】　本条是关于荣誉权的规定。

荣誉是国家和社会对在社会生产生活中作出突出贡献或者有突出表现的民事主体所给予的积极的正式评价。荣誉的外在表现形式可以是物质奖励,如奖金、奖杯、奖牌;也可以是精神奖励,如光荣称号等。授予荣誉的主体可以是政府,也可以是单位,还可以是社会组织。荣誉权就是民事主体对自己所获得的荣誉及其利益所享有的保持、支配的权利。

在民法典编纂过程中，对于荣誉权的性质以及是否单独设立荣誉权一度争论较大。有的意见提出，荣誉权不是民事主体与生俱有的权利，而是后天通过自己努力获得的权利，具有较强的身份性，不符合人格权的特征，应为一种身份权。有的意见提出，荣誉是国家和社会对特定民事主体的认可和积极的评价，与该民事主体的人格尊严密切相关，侵害其荣誉权也会损害其人格尊严。还有的意见提出，荣誉实际上是名誉的一部分，可以纳入名誉权的保护范围，没有必要单独规定荣誉权。经研究认为，荣誉是民事主体通过自己的辛勤劳动、努力工作和英勇奋斗而获得的，既是国家和社会对其工作和表现的认可，也是对其人格尊严的尊重，具有较强的人格属性。也正因如此，自 1986 年民法通则以来，我国的立法和司法实践均将其视为一种人格权来对待，民法通则第 102 条规定，公民、法人享有荣誉权，禁止非法剥夺公民、法人的荣誉称号。2017 年通过的民法总则也将其作为人格权加以规定。这些规定较好地保护了民事主体的荣誉权，延续这种立法传统有利于更好保护民事主体的荣誉权。基于此，本条第 1 款规定，民事主体享有荣誉权。任何组织或者个人不得非法剥夺他人的荣誉称号，不得诋毁、贬损他人的荣誉。

荣誉与名誉具有相同之处，例如二者都属于一种社会评价，但二者还具有不少不同之处：一是，荣誉是国家和社会给予民事主体的一种正式评价，其授予、剥夺或者撤销一般都需要依照严格的程序进行，特别是剥夺某民事主体的荣誉必须依照严格程序进行，否则就是侵犯民事主体的荣誉权。而名誉这种社会评价是由社会公众随意进行的，没有严格程序要求，也没有专门的格式要求。二是，荣誉是政府、单位或者社会组织给予的评价,而非一般的社会评价;而名誉来源于社会公众,是社会公众的一般评价。三是,荣誉是国家和社会给予民事主体的积极、褒奖性的评价,非消极评价;而名誉是社会对民事主体的综合评价,既包括积极的褒奖,也包括消极的批评,还包括中性的评价。四是,名誉是民事主体在社会经济生活活动中自然产生的,而荣誉不可能自然产生。基于此,本条将荣誉权独立于名誉权单独加以规定。

实践中,侵犯荣誉权的形式多种多样,最为典型的是非法剥夺他人的荣誉称号或者诋毁、贬损他人的荣誉。正如前文所言,荣誉是政府、单位或者社会组织依据一定程序授予民事主体的一种正式评价,若没有正当理由且没有通过严格的程序,这种正式评价不能被剥夺。任何组织或者个人若对某民事主体所获得的荣誉有异议,都应当通过一定程序向荣誉授予机关提出,由授予机关通过严格程序作出是否撤销或者剥夺该民事主体所获荣誉的决定。除此之外,任何组织或者个人都不得非法剥夺他人的荣誉称号。任何组织或者个人诋毁、贬损他人荣誉的,应当依法承担民事责任。此外,荣誉权不仅包括精神利益,还附随着一定的物质利益,如奖金、奖品等。民事主体有权获得因其荣誉所产生的物质利益,禁止任何组织或者个人非法剥夺民事主体因其荣誉产生的物质利益。此外,实践中,还存在两种损害民事主体荣誉权的特殊情形:一是民事主体获得的荣誉称号应当记载而没有记载的情形。荣誉称号是民事主体享有荣誉权的主要表现形式和载体。荣誉称号应当被相关单位记载入民事主体的档案等正式材料中,这是对民事主体荣誉的承认,对其荣誉权的尊重。但是,实践中,民事主体的荣誉称号也存在没有被记载的情形,这实际上变相剥夺了民事主体的荣誉称号,实质上损害了民事主体的荣誉权。基于此,本条第 2 款特别强调,民事主体获得的荣誉应当记载而没有记载的,其有权请求记载。二是民事主体获得的荣誉称号被记载错误的情形。正如前文所述,荣誉称号是荣誉权的重要体现,若被错误记载,将对荣誉权人的荣誉造成贬损,损害民事主体的荣誉权。因此,相关单位有义务准确记载民事主体的荣誉称号。荣誉权人发现自己的荣誉称号被错误记载的,也有权请求义务人予以更正。

第六章　隐私权和个人信息保护

本章共 8 条,对隐私权的内容、隐私的定义、禁止侵害隐私的典型行为等内容作了规定,还对个人信息的定义,处理个人信息所应遵循的规则,信息主体对自己的个人信息所享有的权利,处理个人信息的免责情形等内容作了规定。

第一千零三十二条　自然人享有隐私权。任何组织或者个人不得以刺探、侵扰、泄露、公开等方式侵害他人的隐私权。

隐私是自然人的私人生活安宁和不愿为他人知晓的私密空间、私密活动、私密信息。

【释义】　本条是关于隐私权内容以及隐私定义的规定。

(一)立法背景

隐私权是一种重要的人格权。隐私的观念从人类产生之日起便存在,它根源于人天生的羞耻本能,从用树叶、兽皮蔽体到穿衣服遮身,再到将卧室设置在房中最隐秘的位置,这种因羞耻本能而产生的行为,说明对隐私保护的渴望是人本能和社会交往的需要。但隐私权真正成为一项民事权利则是随着近代传媒业的发展才产生。隐私权的概念于1890年由美国人瓦伦和布兰代斯在《论隐私权》一文中最早提出,自该概念被正式提出后,隐私权保护就在美国蓬勃发展起来,在世界各国也呈同样的发展趋势。例如,《美国侵权法第二次重述》对侵犯隐私权的类型作了详细的规定。《法国民法典》规定,每个人都享有其隐私受到尊重的权利。加拿大《魁北克民法典》规定,每个人都享有其名誉与隐私受到尊重的权利。除非有法律上的授权,任何人未经他人或者其继承人的同意,都不得侵犯他人的隐私。隐私权制度之所以受到各个国家和地区的高度重视,主要基于两方面的原因:一是隐私权制度本身具有的功能和价值。理论界普遍认为,隐私权制度具有维护人格尊严、维护个人安宁、提高个人安全感、保护个人自由等功能和作用。隐私权制度所具有的这些功能和价值,对于促进人的全面发展,促进社会的和谐稳定具有重要意义。二是现实方面的需要。在现代社会,一方面,随着人类文明的发展,个人意识在不断加强,个人主义也在加强,人们通过加强隐私保护来保护个人自由的意识也在不断加强;另一方面,随着科技的发展、大众传媒的发展、公共权力的膨胀以及消费主义的盛行,人们的隐私受到侵犯的风险越来越大,以至于有的学者提出,在现代社会,我们每个人都是一个"透明人","无私可隐"。现实状况进一步凸显了加强隐私权保护的重要性。

隐私权制度在我国出现比较晚,我国民法规范隐私权问题，有一个过程。1986 年民法通则第 101 条规定，公民、法人享有名誉权，公民的人格尊严受法律保护，禁止用侮辱、诽谤等方式损害公民、法人的名誉。第 120 条第 1 款规定，公民的姓名权、肖像权、名誉权、荣誉权受到侵害的，有权要求停止侵害，恢复名誉，消除影响，赔礼道歉，并可以要求赔偿损失。1988 年《最高人民法院关于贯彻执行〈中华人民共和国民法通则〉若干问题的意见（试行）》第 140 条第 1 款规定："以书面、口头等形式宣扬他人的隐私，或者捏造事实公然丑化他人人格，以及用侮辱、诽谤等方式损害他人名誉，造成一定影响的，应当认定为侵害公民名誉权的行为。"1993 年的《最高人民法院关于审理名誉权案件若干问题的解答》规定，对未经他人同意，擅自公布他人的隐私材料或者以书面、口头形式宣扬他人隐私，致使他人名誉受到损害的，按照侵害他人名誉权处理。2001 年《最高人民法院关于确定民事侵权精神损害赔偿责任若干问题的解释》规定，违反社会公共利益、社会公德侵害他人隐私或者其他人格利益，受害人以侵权为由向人民法院起诉请求赔偿精神损害的，人民法院应当依法予以受理。可见，那时由于法律没有明确规定，司法机关对隐私权主要采取的是间接保护方式。20 世纪 90 年代初，未成年人保护法、妇女权益保障法规定：任何组织和个人不得披露未成年人的个人隐私，妇女的名誉权和人格尊严受法律保护。禁止用侮辱、诽谤、宣扬隐私等方式损害妇女的名誉和人格。其后，一些法律中也陆续使用"隐私"一词。2005 年对妇女权益保障法进行修正时，规定"妇女的名誉权、荣誉权、隐私权、肖像权等人格权受法律保护"。这是法律中第一次明确出现隐私权的用语。2009 年侵权责任法第 2 条第 1 款规定，侵害民事权益，应当依照该法承担侵权责任。第 2

款列举的民事权益包括隐私权。这就使隐私权作为一项民事权利,在民事基本法中得到了明确。侵权责任法关于责任构成和责任方式等的规定也适用于隐私权的侵权责任。例如,侵权责任法第36条第1款规定,网络用户、网络服务提供者利用网络侵害他人民事权益的,应当承担侵权责任。这里的侵害他人民事权益,就包括网络用户侵害他人的隐私权。权利人也可以依法要求侵权人停止侵害、赔礼道歉、赔偿损失。鉴于隐私权作为民事权利的一类已经是立法、司法、理论的共识,总则编增加规定了隐私权。人格权编在总则编规定的基础上进一步规定,自然人享有隐私权,任何组织或者个人不得以刺探、侵扰、泄露、公开等方式侵害他人的隐私权。

(二)对本条含义的理解

本条从两个层面对隐私权作了规定。第1款明确确认了任何一个自然人均享有隐私权。根据该规定,享有隐私权的只能是自然人,法人、非法人组织不能享有隐私权。在编纂过程中,曾有意见提出,法人、非法人组织也应当享有隐私权,例如法人、非法人组织对涉及法人、非法人组织的秘密信件、文书等应当享有不受他人侵犯的权利。经研究认为,隐私是与一个人精神利益和人格尊严联系在一起的,其涉及一个人的私生活安宁和独处的利益,法人、非法人组织作为一个组织体,其不可能产生这种需求,不需要通过隐私权制度来保护其秘密。对于法人、非法人组织的商业秘密,可以通过反不正当竞争法等法律制度来加以保护。基于此,本条没有规定法人、非法人享有隐私权。自然人对隐私的权利,主要体现在以下几个方面:一是隐私享有权,即自然人有权对自己的私密信息、私密活动和私密空间进行隐匿,有权享有生活安宁状态,有权保护自己的隐私不受他人的非法披露和公开,禁止任何个人和组织非法披露、公开。当然这种隐私享有权会受到公共利益的限制,例如公安机关为侦查犯罪的需要,可以根据法律的明确授权对犯罪嫌疑人的活动进行跟踪或者监听。二是隐私维护权,即自然人维护自己的隐私不受侵犯的权利。在自己的隐私权受到侵害后,有权直接请求行为人停止侵害、排除妨碍,也有权请求司法机关予以保护。三是隐私公开权,即自然人在法律和公序良俗所允许的范围内有权公开自己的隐私。公开的方式可以是自己亲自公开,也可以是允许他人公开,但需要强调的是,根据本法第 1033 条的规定,他人公开自然人的隐私,必须经权利人明确同意。对于是否允许对隐私进行商业化利用,在编纂过程中,各方对此有不同意见,但主流观点认为,隐私权不完全等同于肖像权、姓名权等标表型人格权,其具有相当的伦理性和情感性,不宜鼓励自然人将自己的隐私用于商业目的。本法基本赞同这一观点。

本条第 2 款对隐私的定义进行了界定。界定隐私是规定隐私权的前提和基础。在编纂过程中,如何界定隐私的含义是各方关注的一个焦点问题。目前理论界对如何界定隐私主要有四种观点:一是私密说。根据这种观点,隐私就是指自然人不愿公开或者不愿让他人知道的个人秘密。二是自主决策说。根据这种观点,任何可由自然人自主决策的事物和领域都属于隐私。三是私生活安宁说。根据这种观点,隐私是指不受他人非法干扰的安宁私生活。第四种观点则认为,隐私就是与公共利益无关的,当事人不愿他人知道的私密信息,不愿他人侵入的私人空间和不愿他人干涉的私人活动。经反复研究,本条第 2 款规定,隐私是自然人的私人生活安宁和不愿为他人知晓的私密空间、私密活动、私密信息。本款对隐私的界定既避免了第一种、第三种和第四种观点中的隐私范围过窄的缺陷,例如第一种观点不能涵盖隐私活动和隐私空间,第三种观点很难涵盖隐私信息,第四种观点则很难涵盖私生活安宁;又避免了第二种观点中的隐私范围过宽的缺陷,该观点实际上将所有可由个人自主决定的事项都纳入了隐私的范围,这样姓名、肖像等都可以纳入隐私的范围,这明显与本编对具体人格权的划分体系不相符合。根据本条第2款的规定,隐私包括四部分内容:

一是私人生活安宁。私人生活的安定宁静是个人获得自尊心和安全感的前提和基础,自然人有权排除他人对其正常生活的骚扰。将私人生活安宁纳入隐私的范围,对于保护自然人的人格尊严极为重要。有的学者将侵扰私人生活安宁的范围界定得很宽,将侵入他人住宅、窃听私人电话、拆阅他人信件、跟踪他人、偷窥他人行动等一切足以干扰他人的行为都纳入其中。考虑到语言习惯和多数人的普遍认知,从立法技术和易于理解的角度,本条所规定的侵扰私人生活安宁并非这种宽泛意义上的概念,而是将私人生活安宁与不愿为他人所知的私密空间、私密活动和私密信息并列规定,所以本法所规定的私人生活安宁是狭义概念,侵犯私人生活安宁的行为主要指本法第1033条第1项规定的“以电话、短信、即时通讯工具、电子邮件、传单等方式侵扰他人的私人生活安宁”的行为。例如,向他人发送垃圾邮件、垃圾微信或者进行电话骚扰;在民事主体明确拒绝的情况下,还反复向他人发送小广告、散发传单等。

二是私密空间。私密空间是指个人的私密范围,包括个人居所、私家车、日记、个人邮箱、个人的衣服口袋、身体的隐私部位以及旅客居住的宾馆客房等。自然人有权排除他人对自己私密空间的侵入。私人住宅是最为典型的私密空间,有的学者将之称为每个人的"城堡",根据我国宪法第39条的规定,中华人民共和国公民的住宅不受侵犯。禁止非法搜查或者非法侵入公民的住宅。本条规定将宪法的规定以隐私权的方式予以落实,不但强调了公民的住宅作为一种物权应当受到保护,更强调了对公民住宅的保护是对自然人人格权的保护。这里需要强调的是本条所规定的"私密空间"不仅包括住宅等物理意义上的特定空间,还包括电子邮箱、微信群等虚拟空间。根据本法第1033条的规定,除法律另有规定或者权利人明确同意外,任何组织或者个人不得进入、拍摄、窥视他人的住宅、宾馆房间等私密空间;不得拍摄、窥视他人身体的私密部位。

三是私密活动。私密活动是指自然人所进行的与公共利益无关的个人活动,如日常生活、家庭活动、婚姻活动、男女之间的性生活等活动。每个自然人都享有私密活动不受他人侵扰的权利。自然人的私密活动是一种动态隐私,具有一个产生发展和变化的过程,有的私密活动随着时间的发展可能会变成非隐私,有的非隐私活动也有可能随着时间的推移成为私密活动。自然人的私密活动受法律保护,根据本法第1033条的规定,除法律另有规定或者权利人明确同意外,任何组织或者个人不得拍摄、窥视、窃听、公开他人的私密活动。婚外恋和婚外性生活,从道德上应当受到谴责,也可能受到党纪政纪的处分,但除法律另有规定或者当事人明确同意外,也属于私密活动,不得向社会公布。

四是私密信息。私密信息是指通过特定形式体现出来的有关自然人的病历、财产状况、身体缺陷、遗传特征、档案材料、生理识别信息、行踪信息等个人情况。这些个人情况是自然人不愿为他人所知晓的信息。自然人的私密信息受法律保护，根据本法第1033条的规定，除法律另有规定或者权利人明确同意外，任何组织或者个人不得处理他人的私密信息。私密信息与本法第1034条规定的个人信息有区别也有联系：有联系的是私密信息对特定自然人具有极强的识别性，所以私密信息也属于个人信息；有区别的是个人信息既包括私密信息，也包括非私密信息，范围大于私密信息。此外，私密信息与本条中的私密活动也有一定联系。私密活动是种动态的隐私，但若其以静态的形式体现出来，则就变成了私密信息。例如，记录某一自然人在某宾馆房间与另一人约会是私密活动，但若其用手机将约会的过程记录留存下来，则手机上留存的记录就变成了私密信息，而非私密活动；某人的通信行为为私密活动，但通信记录则为私密信息。

实践中，判断自然人的某一具体事物或者事务是否为隐私，是较为困难的事情，一般来说，可以从三个方面进行判断：一是私人性，不属于自然人私人的事物或者状态不属于隐私。二是主客观相结合性。隐私是一种客观状态，这种客观状态不受他人的意志影响，不以他人是否承认或者如何评价为转移。但同时，隐私又具有主观感受性，即为自然人主观内心不愿为他人所知或者不愿为他人干扰的一种状态。美国法通过判例凯茨诉美国政府一案发展出了隐私的“合理期待”原则。这里的“合理期待”原则既包括自然人主观上具有隐私期待利益，也包括客观上社会认为该种期待利益是合理的。如果某私密信息客观存在，但当事人自己主动公开或者主观上不想保密，则不属于隐私范畴。也正因如此，本条规定，隐私是自然人的私人生活安宁和不愿为他人知晓的私密空间、私密活动和私密信息。三是发展性。从隐私发展史看,隐私的范围和内容并非一成不变,它是随着社会的变迁而不断发展变化的。

第一千零三十三条　除法律另有规定或者权利人明确同意外,任何组织或者个人不得实施下列行为:

(一)以电话、短信、即时通讯工具、电子邮件、传单等方式侵扰他人的私人生活安宁;

(二)进入、拍摄、窥视他人的住宅、宾馆房间等私密空间;

(三)拍摄、窥视、窃听、公开他人的私密活动;

(四)拍摄、窥视他人身体的私密部位;

(五)处理他人的私密信息;

(六)以其他方式侵害他人的隐私权。

【释义】　本条是关于禁止从事的侵害他人隐私权的主要行为的规定。

隐私权是一种重要的人格权,根据本法第 1032 条第 1 款的规定,自然人享有隐私权。任何组织或者个人不得以刺探、侵扰、泄露、公开等方式侵害他人的隐私权。本条在前条规定的基础上,进一步明确规定,除法律另有规定或者权利人明确同意外,任何组织或者个人不得实施下列行为:

一是以电话、短信、即时通讯工具、电子邮件、传单等方式侵扰他人的私人生活安宁。这是对前条所规定的隐私中私人生活安宁的保护。实践中,对自然人私人生活安宁的侵扰主要是以电话、短信、即时通讯工具、电子邮件、传单等方式进行的,如向他人发送垃圾短信、垃圾微信、垃圾邮件,散发传单等。这里的即时通讯工具主要是微信、微博等社交媒体工具。这些侵扰方式看似普通,但实际上有可能对一个人的生活造成极大的滋扰,让权利人不胜其烦;若一个人长期被垃圾电话、微信等侵扰,还有可能导致精神崩溃等严重后果,这种案例在现实生活中已多次出现。

二是进入、拍摄、窥视他人的住宅、宾馆房间等私密空间。住宅、宾馆房间等私密空间是自然人隐私的核心部分。实践中,进入、拍摄、窥视他人的住宅、宾馆房间等私密空间是三种最为典型的侵犯隐私的行为。这里的"进入"是指未经权利人明确同意或者没有法律授权擅自闯入他人住宅或者他人居住的宾馆房间。这里的"拍摄"是指非法通过手机、相机或者通过在住宅或者宾馆房间安装摄像头等设备将他人住宅或者他人所居住的宾馆内的人、物、布局、摆设等记录下来。这里的"窥视"是指非法暗中观察、偷看他人的住宅或者宾馆房间。非法进入、拍摄、窥视他人住宅、宾馆房间等私密空间,会对自然人的隐私权造成较为严重侵害,也会对社会秩序造成较大破坏。例如,2019年某省的宾馆房间内被大面积私装摄像头的事被曝光后,就对社会公众造成极大的冲击,使大家住宾馆忐忑不安。各方强烈要求对此作出专门规范,因此,2019年在对人格权编草案三审时专门增加规定,任何组织或者个人都不得非法拍摄他人居住的宾馆房间。

三是拍摄、窥视、窃听、公开他人的私密活动。在现实生活中,每个人每天都会从事各种各样的社会活动,其中不少社会活动都是其不愿为他人所知晓的私密活动,特别是有的私密活动一旦被他人窥视、窃听,其将处于恐惧当中,个人人格尊严也将受到严重侵害。所以在现代社会,每一个人都有权依法进行各种各样的社会活动,国家也有责任保证每个公民的私密活动不受非法侵扰，这既是个人自由权的体现，也是现代文明的标志。基于此，本条明确规定，任何组织或者个人都不得非法拍摄、窥视、窃听、公开他人的私密活动。拍摄、窥视、窃听、公开是侵犯权利人私密活动的典型方式，随着现代科学技术的发展，特别是电子信息技术的发展，以高科技手段拍摄、窥视、窃听、公开他人私密活动的情形增多，产生的后果也较一般侵犯行为产生的后果严重，因此，必须明确禁止。需要强调的是，这里的“拍摄”是一个广义的概念，包括“录制”。

四是拍摄、窥视他人身体的私密部位。自然人身体的私密部位属于其私密空间的范围，身体的私密部位对于自然人来讲都极为敏感，一旦被暴露于外，将是对自然人的极大羞辱。隐私的观念根源于人天生的羞耻本能，而这种羞耻本能又来自对身体私密部位的保护，恶意拍摄、窥视自然人身体的私密部位，是一种严重侵犯他人隐私权的行为，所以本条明确规定，任何组织或者个人都不得非法拍摄、窥视他人身体的私密部位。

五是处理他人的私密信息。每个自然人都拥有不少私密信息，这些私密信息可能涉及该自然人的财产状况，可能涉及其社交状况，也可能涉及其生理状况，还可能涉及其身世经历，等等。这些私密信息都是自然人不愿公开或者不愿为他人所知晓的信息。违背当事人意愿处理其私密信息构成对隐私权的侵犯，例如擅自公开患者的病历、擅自收集他人的聊天记录等都是对权利人隐私权的侵犯。所以，本条规定，任何组织或者个人都不得非法处理他人的私密信息。这里“处理”与第1035条中的“处理”含义相同，包括对私密信息的收集、存储、使用、加工、传输、提供、公开等行为。与对个人信息的保护相比，处理他人的私密信息要想获得合法性，除法律的明确授权外，必须经过权利人明确同意，而处理非私密个人信息则可以是默示同意，而不一定需要明示同意。

六是以其他方式侵害他人的隐私权。本条规定的前述五项情形只是可能侵犯自然人隐私权的典型方式，现实生活中，有可能侵犯隐私权的方式多种多样，远不止这五种情形，特别是随着现代科技的发展，新型的侵犯隐私权的方式不断出现，例如利用定位App软件对他人的行踪进行跟踪，利用高精度、高分辨率的仪器对人体的私密部位进行扫描等。为了避免挂一漏万，本条规定了这一兜底条款。

最后还需要强调一点，除权利人明确同意外，经过法律的明确授权，也可以对自然人的隐私权作一定限制。例如，公安机关根据刑法、刑事诉讼法等相关法律的规定，可以对犯罪嫌疑人的行踪进行跟踪，也可以对犯罪嫌疑人的住宅进行搜查等。还如，医院根据传染病防治法等相关法律的规定，可以处理相关患者的医疗信息等。

第一千零三十四条　自然人的个人信息受法律保护。

个人信息是以电子或者其他方式记录的能够单独或者与其他信息结合识别特定自然人的各种信息，包括自然人的姓名、出生日期、身份证件号码、生物识别信息、住址、电话号码、电子邮箱、健康信息、行踪信息等。

个人信息中的私密信息，适用有关隐私权的规定；没有规定的，适用有关个人信息保护的规定。

【释义】　本条是关于个人信息的规定。

（一）立法背景

信息社会，人的存在不仅涉及生物体征方面的信息（如身高、性别等)，也涉及人作为社会成员的基本社会文化信息(如姓名、职业、宗教信仰、消费倾向、生活习惯等)。有的专家提出，几乎所有的人类活动都具有信息形式的记录，当个人信息累积到一定程度，就构成与实际人格相似的“信息人格”或者“数据人格”。近年来，网络技术、信息技术的发展和经济全球化的趋势在一定程度上改变了传统的营销方式和消费方式，传统条件下，由于信息搜集技术的限制，经营者无法有效获取消费者有关消费需求、消费倾向等方面的信息，其商品或者服务的提供带有很大的盲目性。而在当前信息技术发达、个人信息流通便捷的情况下，经营者可以低成本、高效率地利用各种信息搜集方式获取并分析消费者的消费习惯、消费倾向，从而有效地为特定消费者提供个性化服务，进而取得市场竞争优势。例如，某公司推行的最典型的个性化服务方式是直邮，即收集明确同意接收公司营销信息的消费者名单，向其邮寄优惠券和产品样品，这类方式也被称为目标广告，这种个性化服务方式不仅避免了盲目投放广告带来的资源浪费，而且为经营者发展更多忠诚的消费者群体进而大幅提升其销售额提供了可能。个人信息在金融领域发挥的作用更为巨大。通过掌握个人信用信息，使用个人信用评分技术，银行业可以更加有的放矢地发放贷款。对个人信息的有效利用，不仅给经营者带来了利益，对消费者也带来了诸多便利：消费倾向和消费兴趣被商家掌握的消费者，在选择商品和服务时可以节省更多搜索成本；经营者对消费信息的有效掌握可以使其不再向没有该类消费倾向的消费者滥发邮件，减少众多消费者收到垃圾邮件的数量；有良好信用记录的消费者可以更方便取得贷款。个人信息的利用节约社会发展成本，固然能为经济社会带来巨大的利益，但如果对其不作任何限制，利用技术手段滥用个人信息侵犯个人利益的事件必然增多。在我国，个人信息被滥用的问题也日益严重，主要表现为四类情形：一是一些经营者对经营活动中收集的消费者个人信息在管理上存在诸多安全漏洞，如某航空公司乘客信息泄露事件、连锁酒店顾客信息管理存在安全风险事件；二是一些经营者将经营活动中掌握的个人信息进行买卖而谋取非法利益，形成个人信息买卖的地下产业，如某快递公司承认客户信息遭内部高层人员倒卖事件；三是经营者对采集到的个人信息进行未经许可的二次开发利用，为细分市场、制定营销战略提供依据，进而实施对重点人群或者重点客户的定向强制推销，侵扰消费者生活安宁；四是经营者擅自公开、传播敏感性个人信息，造成侵害他人人格尊严或者利用非法收集到的消费者个人信息实施诈骗等违法犯罪活动。上述情形给消费者带来的侵害主要有三个方面：一是侵犯消费者人格权益。经营者没有合法依据或者不经消费者同意收集、存储、传输、加工和利用消费者个人信息，可能导致对消费者个人人格的错误描述，如影响消费者能否得到一份工作、能否获得特定贷款等。二是侵犯消费者财产权益。如经营者将收集到的消费者个人信息非法出售或者不当泄露给第三方，可能导致非法获取上述信息的主体冒充消费者进行诈骗，如盗用消费者身份申请信用卡并透支等。三是破坏消费信心。近年来由于信息数据处理技术的飞速发展，通过网络等途径非法收集、存储、传输、加工和利用个人信息的现象屡见不鲜，众多调查显示，电子商务网络用户最大忧虑是个人信息泄露。因此，采取适当的个人信息保护措施，对恢复消费信心、维护市场秩序的正常运行具有极其重要的意义。现代社会的发展，特别是信息产业的发展建立在信息的自由流通上，但是个人信息又与自然人的人格尊严密切相关，需要对自然人的个人信息进行保护，因此，如何在促进信息自由流通和保护自然人个人信息之间取得平衡一直是各个国家和地区面临的重要问题。基于上述原因，个人信息保护立法在全球范围内受到了广泛关注，越来越多的国际组织、国家和地区着眼于个人信息安全，相继立法。近三十年来，世界上兴起了个人信息保护立法的热潮。例如，日本、韩国等国制定了《个人信息保护法》，德国制定了《联邦个人资料保护法》，英国制定了《个人资料保护法》，我国香港特别行政区和台湾地区分别制定了个人资料保护法和“个人资料（私隐）条例”；欧盟1995年出台了《个人数据保护指令》，2016年在此基础上制定了《欧盟一般数据保护条例》，该条例于2018年5月25日正式开始实施；美国将个人信息纳入隐私权的范畴加以保护，制定了一系列相关法律，如《美国隐私法》《电脑对比和隐私保护法》等；联合国经合组织于1990年还出台了《数据保护指导原则》。上述立法中的个人信息保护，除涉及非公共机构（包括企业经营者及第三方征信机构等）在处理公众个人信息上的权利义务外，还涉及公共机构（包括行政机关）在信息处理方面的职责。因此，个人信息保护立法的内容不局限于某一特定部门法，但信息主体的人格利益及财产权益的维护等与民法直接相关的问题成为个人信息保护立法的基点。

近年来，我国高度重视个人信息相关立法，从民事、行政、刑事各方面加强个人信息保护，保障个人信息安全。2012年《全国人民代表大会常务委员会关于加强网络信息保护的决定》、2013年修正的消费者权益保护法、2016年通过的网络安全法和2018年通过的电子商务法等法律,确立了个人信息保护的规则及网络运营者保障个人信息安全的义务与责任,明确了个人对其信息收集、使用的知情权、删除权、更正权。2017年通过的民法总则,将个人信息受法律保护作为民事权利的重要内容予以规定,并对数据作为财产权的客体作出原则规定。关于个人信息的刑事保护,刑法第285条第2款规定了非法获取计算机信息系统数据、非法控制计算机信息系统罪,第253条之一规定了侵犯公民个人信息罪。总的来看,刑法现有规定能够满足打击非法获取数据犯罪行为的实践需要。制定个人信息保护法也已列入第十三届全国人大常委会立法规划和2020年度立法工作计划。立法机关正在抓紧开展个人信息保护法的研究起草工作。此外,一些司法解释和规范性文件对个人信息保护问题作了规定。在本法典编纂过程中,各方提出,随着信息技术的快速发展,非法获取、非法公开或者非法向他人提供个人信息的违法行为泛滥,社会危害严重,加强对个人信息的保护对保护公民的人格尊严,使公民免受非法侵扰,维护正常的社会秩序具有重要的现实意义。建议在人格权编中确立个人信息民事保护的基本规则,以进一步加强对个人信息的保护。基于此,在我国现有规定的基础上,借鉴境外立法经验,本法总则编第111条对个人信息保护作了原则性规定,本法在总则编规定的基础上确立了个人信息保护的基本原则和规则。本条第1款即开宗明义地规定,自然人的个人信息受法律保护。就民法典与单行立法在个人信息保护上的关系问题,既要有分工,又要有衔接协调。民法典人格权编关于个人信息保护的规定是立足于现行法律法规所作的修改完善。同时,考虑到将来还有专门的个人信息保护法,所以就民法典这一长期稳定适用的民事基本立法而言，不能作出太多细致具体的规定，而只需作出基础性、原则性的规定。这样一来，既可以对其他的立法有所指引，又为将来的发展留有空间。

（二）对本条含义的理解

1. 个人信息的定义

对于个人信息的表述，有的建议用“个人数据”，有的建议用“个人资料”，有的建议用“个人信息”的表述。从比较法的角度看，欧盟国家多采用“个人数据”，日本、俄罗斯、韩国采用“个人信息”，我国台湾地区“个人资料”与“个人数据”两个概念并用。虽然“个人信息”、“个人资料”与“个人数据”名称有所不同，但实质含义基本类似，都侧重信息的“可识别性”。如《欧盟一般数据保护条例》，将其界定为“已识别或可识别的个人相关的任何信息”。《日本个人信息保护法》第 2 条规定，个人信息指活着的自然人的相关信息，根据该信息所包含的姓名、出生年月及其他内容，能够识别出该特定自然人。我国台湾地区“电脑处理个人资料保护法”第 3 条第 1 款规定，个人资料，指自然人之姓名、出生年月日、身份证统一编号、特征、指纹、婚姻、家庭、教育、职业、健康、病例、财务情况、社会活动及其他足以识别该个人之资料。本法采用了“个人信息”的表述，主要是基于以下两点考虑：一是与已有的立法保持一致。无论是我国现行的网络安全法、电子商务法、消费者权益保护法、刑法等相关法律，还是国务院的行政法规、部门规章以及司法解释，基本都使用“个人信息”的表述。二是“个人信息”的表述更为准确。个人数据只是个人信息内容的载体，就个人信息保护的实质而言，法律保护的并非数据这个载体，而是载体所承载的内容，用“个人信息”的表述更能准确反映个人信息保护的本质，虽说欧盟以及一些国家和地区使用了“个人数据”的表述，但是从欧盟及这些国家和地区的相关规定看，其实质保护的是个人数据的内容，即个人信息，并非数据这个载体。

对于个人信息的含义，也即如何判断某一信息是否构成个人信息，境外有三种不同的立法例，理论界和实务界也有三种主要观点：一是关联型定义。根据这种定义，个人信息是所有与个人相关联的信息。目前北欧和东欧的一些国家采用这种立法例，例如《保加利亚个人数据保护法》规定，个人数据是指涉及自然人的身体状况、心理状况、精神状况、家庭状况、经济状况、文化教育状况与社会背景的信息。《最高人民法院、最高人民检察院关于办理侵犯公民个人信息刑事案件适用法律若干问题的解释》以及国务院信息标准化办公室公布的《个人信息安全规范》也基本上采纳了这种定义模式，例如后者在网络安全法第76条的基础上增加规定了“或者反映特定自然人活动情况”的规定界定个人信息，这一规定事实上大大扩张了个人信息的范围，与关联型定义异曲同工。二是隐私权定义。根据这种定义，个人信息是个人不愿向外透露或者较为敏感不愿为他人所知的信息。这种观点实际上是以隐私来界定个人信息。美国、澳大利亚、新西兰、加拿大等英美法系国家多以此理论为基础进行立法。三是识别型定义。根据这种定义，个人信息是指能够直接或者间接地与已识别或者可识别的特定自然人相关的信息。目前这是理论界和实务界的主流观点，也为不少国家和地区的立法所采用，例如《欧盟一般数据保护条例》、日本修改后的《个人信息保护法》、韩国的《个人信息保护法》等均采用了识别型定义。本法采用了第三种观点，即识别型定义。在以识别型定义对个人信息进行界定时，是采用概括定义的方式还是采用列举定义的方式,在编纂过程中也有不同意见。概括型定义的方式具有足够的弹性和开放性,但过于抽象,不利于操作;列举型定义的方式具体,可操作性强,但过于僵化,且个人信息种类众多,很难一一列举,难免挂一漏万。本编对个人信息的界定既有抽象的概括,也有具体的列举,可以说较好地处理了开放性和可操作性的关系。基于此,本条第2款规定,个人信息是以电子或者其他方式记录的能够单独或者与其他信息结合识别特定自然人的各种信息,包括自然人的姓名、出生日期、身份证件号码、生物识别信息、住址、电话号码、电子邮箱、健康信息、行踪信息等。根据本款的规定,构成个人信息要满足三个要件:一是具有识别性,这是核心要件。所谓识别,就是通过该信息可以直接或者间接地将某一自然人"认出来"。识别包括直接识别和间接识别,所谓直接识别,是指通过该信息可以直接确认某一自然人的身份,不需要其他信息的辅助,如某人的身份证号、基因信息等;所谓间接识别,是指通过该信息虽不能直接确定某人的身份,但可以借助其他信息确定某人的身份。任何可以直接或者间接识别特定自然人的信息都是个人信息。二是要有一定的载体,这是个人信息的形式要件。个人信息必须以电子或者其他方式记录下来,没有以一定载体记录的信息不是个人信息。三是个人信息的主体只能是自然人,法人或者非法人组织不是个人信息的主体。个人信息类型众多,包括但不限于自然人的身份信息、生理信息、社会信息、财产信息等,本款列举的具体个人信息只是最为典型也最为常见的类型,现实生活中的具体个人信息远不止列举的类型。与现行网络安全法列举的个人信息的情形相比,本条增加了电子邮箱、行踪信息、健康信息等类型,这是为了让个人信息的定义能够更加适应互联网时代和大数据时代的发展需要。对于某一类本款没有列举到的信息是否为个人信息,可以根据前述三个要件进行判断。

2. 个人信息与隐私的关系

在编纂过程中,有的意见提出,隐私比个人信息范围更宽,包括私密信息、私密活动和私密空间,建议以隐私权的保护涵盖对个人信息的保护。经反复研究认为,个人信息与隐私确实有紧密联系,例如隐私中的私密信息就属于个人信息,侵犯个人信息和侵犯隐私权的最主要方式都是非法泄露或者公开,也正是因为隐私与个人信息的联系较为紧密,本编将二者放在同一章加以规定。但是,二者的区别也非常明显,尤其是考虑到民法典作为民事基本法律,既需要保护个人信息中体现的人格利益,又要促进信息作为信息社会一种重要资源的合理流通,因此,本法并未采取传统民法以姓名权、肖像权及隐私权为框架保护个人信息的方式,而是明确将个人信息保护的权利在隐私权等具体人格权外单独加以规定,主要基于以下四点考虑:第一,二者的构成要件不同,隐私强调私密性,而个人信息强调识别性。第二,“隐私”与“个人信息”二者的范围有重合(重合部分可以称为隐私信息,即权利主体不愿为他人知晓的个人信息,如病史、犯罪记录等),但“个人信息”不仅包括不愿为外人知晓的“隐私信息”,还包括可以公开的“非隐私信息”(如姓名、性别等);并且,“隐私”带有主观色彩,如身高、住址、电话号码等个人信息,有些人视为隐私,有些人视为可公开信息。另外,我国现有法律制度中涉及的“隐私权”,是与“生命权、健康权、姓名权、名誉权、荣誉权、肖像权”等并列的概念,范围比美国法窄得多。美国法中的“隐私权”范围极广,几乎囊括了私人活动的各个领域,而不仅仅局限于私生活秘密,有学者认为该权利在美国已经发展为一般人格权。但是,在我国现有法律制度中的隐私权,范围要窄得多。一些侵犯个人信息的行为,未必构成侵犯“隐私”,如自然人的“姓名”,当然属于个人信息,但却不是“隐私权”的保护客体;再如肖像也属于个人信息,但不当利用他人肖像,构成对“肖像权”而非“隐私权”的侵害;再如不当删除、不完整记录或者错误记录他人信息,或者根据不实信息对他人信用作出错误评级等。这些都属于侵犯他人信息权利的行为,但一般不涉及侵犯隐私。法律既要保护自然人对其个人信息享有的人格权益,又要兼顾社会对个人信息的合理利用。鉴于信息自由流通具有的巨大社会效益和经济效益,民法典对个人信息权利的规定,应当兼顾自然人个人信息权益和信息资源有效利用的双重目的。而隐私权的保护,一般多着眼于权利主体的人格权益,更倾向于限制个人信息的搜集与利用。因此,“个人信息”比“隐私”更适宜现代信息社会民法所要调整的法律关系。第三,就权利内容和救济方式而言,隐私权作为一种私生活受尊重的权利,多表现为消极被动和防御性的特点,它以侵害行为或侵害可能为前提,以维护人格尊严为目的,一般不具有财产利益。而个人信息得到保护的权利,从世界主要国家和地区的立法来看,表现为一种积极主动的请求权,不仅包括个人信息不受非法收集、处理的内容,还包括权利主体对其个人信息的积极控制,如权利人有权决定其个人信息能否被他人处理以及如何处理,有权要求信息处理者修改不正确、不完整的个人信息以保证信息质量,有权针对商业目的的个人信息利用获取报酬等。从德国、日本等主要国家在有关个人信息保护立法方面的发展趋势来看,“个人信息得到保护的权利”兼顾权利人的人格尊严与信息资源的有效利用,比“隐私权”更符合现代信息社会的发展需求。第四,对二者的保护程度不同。对隐私权的保护程度要高于对个人信息的保护程度。基于此,本法虽将个人信息保护与隐私权放在人格权编同一章,但仍将两者作为两种不同的制度加以规定。需要注意的是,私密信息既是隐私的重要组成部分,也是个人信息的重要组成部分,个人信息保护与隐私权等的保护范围具有一定的重合之处。个人信息受保护的权利并非要替代隐私权对秘密信息的保护,而是对其保护的补充。原则上,若个人信息可以为隐私权、名誉权、姓名权、肖像权等具体权所保护时,可以优先适用这些人格权的规则,在这些具体人格权没有规定的情况下,可以适用个人信息的相关规定。但隐私权中的私密信息与信息主体的人格尊严联系更为紧密,所以本法对隐私权的保护更高一些,对私密信息的处理要求更高一些,根据本法第1033条的规定,处理他人的私密信息需要获得隐私权人的明确同意。基于此,本条第3款规定,个人信息中的私密信息,适用有关隐私权的规定;没有规定的,适用有关个人信息保护的规定。

本法并没有直接规定行为人侵犯自然人个人信息应承担的民事责任,有的建议在本章增加这方面的规定。对于这个问题,涉及整个民法典的立法体例。人格权编的重点是确权和明确各项具体人格权益的内容、边界和特殊的保护规则,一般的侵权责任条款主要规定在侵权责任编和将来的个人信息保护法等相关单行法中。本法第995条明确规定,人格权受到侵害的,受害人有权依照本法和其他法律的规定请求行为人承担民事责任。基于上述考虑,本章主要对个人信息定义、个人信息处理原则及要求、个人信息主体的权利和信息处理者的信息安全保障义务、国家机关和工作人员履职过程中对知悉的个人信息依法保密的义务等关于个人信息保护的基本规则作了规定。这有利于构建一个科学、合理的个人信息保护法律体系。

还有一个问题需要说明,在编纂过程中,对于是否将个人信息作为一种权利加以规定,各方的意见分歧较大。有的提出,在民法典中对个人信息的法律属性进行清晰界定,在隐私权之外设置单独的个人信息权。经研究认为,从理论上讲,个人信息与隐私确实是两个不同的概念,二者的判断标准、范围、保护方式等都不完全相同。就范围而言,个人信息与隐私存在一定的交叉,个人信息包括私密信息和非私密信息,私密信息既属于个人信息也属于隐私,但是隐私除私密信息之外,还包括私密空间、私密活动和私人生活安宁。按照我国现行规范和国际惯例,个人信息中的私密信息属于隐私的一部分,其受保护的程度也比一般的个人信息更强。正是基于二者的不同,人格权编中"隐私权和个人信息保护"一章对隐私权与个人信息保护分别作了规定。对于是否设置单独的个人信息权,目前,理论界和实务界还缺乏深入研究,尚未形成基本共识。在民法典人格权编的编纂过程中,人格权编草案对这一问题的规定也有过反复,但经过反复研究,本法最终未明确将个人信息规定为"个人信息权"而是采用了"个人信息保护"的表述,主要考虑是:个人信息受保护的权利与其他人格权在考量因素上有所不同,个人信息的保护要适当平衡信息主体的利益与数据共享利用之间的关系。用"个人信息保护"的表述既强调了对信息主体利益的保护,又可以避免不必要的误解,避免妨碍数据的共享、利用以及大数据产业在我国的发展。解决个人信息保护方面的问题,宜先从可行的、务实的制度规范做起,将个人信息保护的基本民事规则在民法典中先确立起来。

第一千零三十五条　处理个人信息的,应当遵循合法、正当、必要原则,不得过度处理,并符合下列条件:

(一)征得该自然人或者其监护人同意,但是法律、行政法规另有规定的除外;

(二)公开处理信息的规则;

(三)明示处理信息的目的、方式和范围;

(四)不违反法律、行政法规的规定和双方的约定。

个人信息的处理包括个人信息的收集、存储、使用、加工、传输、提供、公开等。

【释义】　本条是关于处理个人信息应当遵循的原则和条件的规定。

对于个人信息的处理直接关系到信息主体的人格尊严,本法第 1034 条第 1 款明确规定,自然人的个人信息受法律保护。"自然人的个人信息受法律保护"主要体现在两方面:一方面,自然人对自己的个人信息享有一系列权能,如知情同意权、查阅复制权、更正删除权等;另一方面,处理他人个人信息的主体应当履行相应的义务,遵循一些基本原则和规则。对于处理个人信息应当遵循的基本原则和应当满足的条件,世界经济合作和发展组织发布的《隐私保护与个人数据跨国流通指南》规定了收集限制原则、数据质量原则、目的特定化原则、使用限制原则、安全原则、公开原则、个人参与原则等。欧盟 2018 年 5 月 25 日正式开始实施的《一般数据保护条例》规定了合法、正当、透明原则，特定、明确目的原则，目的适当、相关、限制原则等。我国网络安全法第 41 条规定，网络运营者收集、使用个人信息，应当遵循合法、正当、必要的原则，公开收集、使用规则，明示收集、使用信息的目的、方式和范围，并经被收集者同意。网络运营者不得收集与其提供的服务无关的个人信息，不得违反法律、行政法规的规定和双方的约定收集、使用个人信息，并应当依照法律、行政法规的规定和与用户的约定，处理其保存的个人信息。消费者权益保护法和我国的一些司法解释与规范性文件也对处理个人信息应当遵循的原则和条件作了一些规定。本条在我国现行有关法律法规和个人信息保护实践的基础上，借鉴吸收国际上的通行规定，对处理个人信息应当遵循的基本原则及应当满足的条件作了规定。本条规定是关于个人信息保护的核心内容。根据本条规定，处理个人信息应当遵循以下原则：

一是合法原则，即信息处理者处理个人信息必须有合法的依据，且处理的方法应当符合法律的规定。合法的依据主要来自两个方面：第一，法律法规的明确规定。除本法的相关规定，目前我国还有网络安全法、消费者权益保护法、电子商务法等多部法律和行政法规，都对处理个人信息作了相关规定，相关主管部门也依法制定了一些部门规章。例如，工业和信息化部制定的《电信和互联网用户个人信息保护规定》，信息收集者、信息使用者应当严格遵守这些规定，不得违反。立法机关正在起草的个人信息保护法也将对此作规定。所以，本条第 1 款第 4 项明确规定，处理个人信息不得违反法律、行政法规的规定和双方的约定。该项规定是对合法原则的具体化。对于处理个人信息，法律法规未作规定的事项，信息处理者还应当遵守相关行业规范,目前一些行业组织已制定了相关的个人信息保护自律规范。第二,信息主体的同意。处理个人信息取得信息主体的同意是个人信息保护的核心原则。根据本条第1款第1项的规定,除法律、行政法规另有规定外,处理个人信息应当征得该自然人或者其监护人同意。本项规定将自然人或者其监护人的知情同意作为合法处理个人信息的主要合法性前提,充分体现了信息主体在个人信息处理中的主导地位,可以有效保障信息主体对自身个人信息的控制。本项中的"其监护人同意",是指自然人因年龄、精神等原因为无民事行为能力或者限制民事行为能力人时,由其监护人决定是否同意他人处理其个人信息。这突出强调了对未成年人等民事行为能力欠缺者的特别保护。信息主体同意的方式多样,可以是通过与信息处理者签订协议的方式,也可以是单方授权的方式,还可以是其他方式。但是,针对个人信息敏感度的不同,对同意的要求程度不同,处理某些个人信息应当取得信息主体明示同意,例如对于信息主体敏感度较高的信息或者隐私信息,根据本法第1033条第5项的规定,任何组织或者个人未取得权利人明确同意,不得处理他人的私密信息。本条第1款第1项中的"但是法律、行政法规另有规定的除外",是指处理个人信息可以不取得信息主体同意的例外情形,但这些例外情形必须由法律、行政法规作出明确规定,例如本法第1036条规定的情形既是处理他人个人信息可以免除民事责任的情形,实际上也是处理他人个人信息无须取得信息主体同意的情形。此外,我国正在制定中的个人信息保护法也对处理个人信息无须取得信息主体同意的具体情形作出更为详细的规定。

二是正当原则。所谓正当原则,是指处理个人信息除要遵循合法原则外，信息处理的目的和手段还要正当，应当尊重公序良俗和遵守诚实信用原则，并且要尽量满足透明的要求，以便当事人能够充分了解情况，自主行使自己的权利。这就要求信息处理者对处理个人信息的行为进行自我管理，确保处理个人信息行为的正当性。特别是在处理个人信息过程中不得强迫用户授权，或者以捆绑服务、强制停止使用等不正当手段变相诱导、胁迫用户提供个人信息，更不得欺骗、窃取或者使用其他非法手段处理他人的个人信息。实践中的“大数据杀熟”就是一种典型的违反正当原则的行为。

三是必要原则。所谓必要原则，是指处理个人信息的目的应当特定，处理应当受限制。处理个人信息应当有特定目的，并且应当依据该特定的、明确的目的进行，通常不得超出目的范围处理个人信息，不得处理与实现所涉目的无关的个人信息。例如，医疗机构收集患者的疾病信息目的是用于分析患者病情或者分析疾病，不得将其用于非医疗目的；比如，电商承诺只将收集到的消费者个人信息用于研究分析消费发展趋势目的，就不得将其用于其他目的。此外，必要原则还包括即使按照特定目的处理个人信息，也应当按照对信息主体影响最小的方式进行，应当在必要的限度内进行。这就要求信息处理者在收集信息时不应当收集对提供服务没有必要的个人信息，只有那些对开展相关服务而言非收集不可或者不收集就无法满足用户服务需要的信息，才可被收集；在处理个人信息时，处理的内容和范围不应过于宽泛，只有在不得不处理时才可以处理个人信息。不得过度处理个人信息本应是必要原则的应有之义，但是在编纂过程中，不少意见提出，针对实践中不少网络服务提供商，特别是一些手机 App 应用服务提供商过度处理个人信息的现象比较普遍,严重损害了信息主体的权益,建议明确规定,不得过度处理个人信息。本条采纳了这一意见,特别强调"不得过度处理"个人信息。这一规定的针对性较强。

四是公开透明原则。所谓公开透明原则,是指信息处理者在处理个人信息时应当公开处理信息的规则,并明示处理信息的目的、方式和范围,确保信息主体享有知情权。公开透明原则极为重要,其是确保信息主体知情同意的前提。只有让信息主体充分知悉和了解处理个人信息的规则、目的、方式和范围,了解个人信息被处理的后果和可能的影响,才可以确保信息主体的意思判断是自主、真实和合理的。这里的公开透明并非指个人信息内容公开,而是指处理个人信息的过程和规则应当公开。这就要求信息处理者在处理个人信息时要主动增强透明度,用通俗易懂、简洁明了的语言说明处理个人信息的目的、方式和范围,并将处理个人信息的规则予以公开。由于这些规则是由个人信息处理者单方制定的,属于格式条款,因此应当受本法典合同编和其他相关法律关于格式条款规定的规范。

需要说明的是,本章中的处理内涵极为丰富,并不限于使用行为,还包括个人信息的收集、存储、加工、传输、提供、公开等行为。本条第2款之所以这样规定,主要是为了表述上的方便,与国际上通行的做法也能基本保持一致。

第一千零三十六条　处理个人信息,有下列情形之一的,行为人不承担民事责任:

(一)在该自然人或者其监护人同意的范围内合理实施的行为;

（二）合理处理该自然人自行公开的或者其他已经合法公开的信息，但是该自然人明确拒绝或者处理该信息侵害其重大利益的除外；

（三）为维护公共利益或者该自然人合法权益，合理实施的其他行为。

【释义】 本条是关于处理个人信息可以免责情形的规定。

任何权利的行使都是有其界限的，自然人对个人信息所享有的权益也不例外。特别是在信息时代，信息的自由流通十分重要，信息时代人类社会所创造的巨大价值就是建立在信息的自由流通基础上的，如果信息处理者对任何信息进行任何处理都要花费不合理的成本来确定是否侵害他人的个人信息权益，或者允许信息主体频频打断信息的流通和传播，将严重影响信息产业的发展，整个社会也将会付出高昂的代价。因此，在个人信息保护立法中，一定要处理好保护个人信息与促进信息自由流通之间的关系，在进一步加强对个人信息保护的同时，也要高度重视信息的自由流通问题。为了处理好这二者之间的关系，本条明确规定了行为人处理个人信息无须承担民事责任的三种情形：

一是在该自然人或者其监护人同意的范围内合理实施的行为。自然人或者其监护人同意是处理个人信息行为获得合法性的重要依据，也是自然人处分自己个人信息权益的重要方式。自然人或者其监护人的同意，实际上就是允许他人处理自己的个人信息。因此，行为人在自然人或者其监护人同意的范围内实施的行为即使对该自然人的权益造成了影响，也是符合信息主体意愿的,行为人无须承担民事责任。但是,行为人在自然人或者其监护人同意的范围内实施的行为应当合理,例如消费者允许电商处理自己的消费记录并向自己发送精准广告,但电商在处理该消费者的消费记录后,却不分白天黑夜频频向该消费者推送各种商品广告,对其生活造成了极大干扰,这种行为虽是在该消费者同意的范围内实施的行为,但不合理,并不能完全免除电商的民事责任。

二是合理处理该自然人自行公开的或者其他已经合法公开的信息,但是该自然人明确拒绝或者处理该信息侵害其重大利益的除外。“自然人自行公开”自己的个人信息就是自然人主动将自己的某些个人信息向社会公开,例如患者主动向社会公开自己的生病经历,还如某自然人主动向社会公开自己的性取向或者宗教信仰。自然人自行公开自己的个人信息意味着其在一定程度上同意他人对这些个人信息的处理。“其他已合法公开”的个人信息是指除自然人自行公开的以外,以其他合法形式公开的个人信息,如媒体在新闻报道中依法公开的个人信息,国家机关依法公开的个人信息。合理处理这些已公开的个人信息,即使对某自然人造成了影响,行为人原则上也不承担民事责任。但是有两种情形例外:第一,该自然人明确拒绝他人处理自己公开的个人信息。个人信息虽然是自然人自己主动公开或者以其他方式合法公开,但若该自然人明确表示拒绝他人处理这些个人信息的,应当尊重该自然人的意愿,行为人不得擅自处理,除非有明确的法律法规授权。第二,处理该信息侵害自然人重大利益的。在有的情况下,自然人的个人信息虽然是自己主动公开或者是通过其他合法方式公开的,但若处理这些个人信息的行为将损害该自然人重大利益的,行为人仍不能免除责任。例如,某自然人对外公开了自己的电话号码,但行为人却利用这些电话号码频频向该自然人发送垃圾短信或者拨打垃圾电话,严重滋扰了该自然人的生活安宁,此时,行为人仍应承担民事责任。本条第2项的“但书”规定是公开使用的例外情形,保证了信息主体的最终决定权,并体现了权利行使的比例原则。

三是为维护公共利益或者该自然人合法权益,合理实施的其他行为。这是一个兜底性的规定。公共利益涉及国家利益和不特定多数人的利益,许多国家和地区一般都规定,基于公共利益,可以对权利的行使进行限制。自然人对个人信息享有的权益也不例外。例如《欧盟一般数据保护条例》就明确规定,为了国家安全、公共健康等公共利益,可以合理处理信息主体的个人信息。我国宪法第51条规定,中华人民共和国公民在行使自由和权利的时候,不得损害国家的、社会的、集体的利益和其他公民的合法的自由和权利。基于此,本条第3项规定,为了维护公共利益,行为人在必要范围内可以合理处理自然人的个人信息。但由于公共利益是一个弹性极大的概念,为避免被滥用,应当严格适用,例如可以将为了公众的健康安全或者为了追查犯罪行为作为公共利益。此外,为了该自然人自己的合法权益,也可以在必要范围内处理其个人信息,例如在患者处于病重昏迷状态时,医院为了该患者的生命安全,处理该患者的个人健康信息。需要强调一点,无论是为了维护公共利益还是为了维护自然人的合法权益,信息处理者必须在必要范围内实施处理个人信息的行为,不能借维护公共利益之名,行侵害自然人合法权益之实,否则仍不能免除侵权责任。

第一千零三十七条　自然人可以依法向信息处理者查阅或者复制其个人信息；发现信息有错误的，有权提出异议并请求及时采取更正等必要措施。

自然人发现信息处理者违反法律、行政法规的规定或者双方的约定处理其个人信息的，有权请求信息处理者及时删除。

【释义】　本条是关于信息主体查阅复制和更正删除权的规定。

个人信息涉及自然人的人格尊严，根据本法第 1034 条的规定，自然人的个人信息受法律保护。自然人对自己的个人信息享有一系列权能，包括知情同意权、查阅复制权、更正删除权、受保密权等内容。本法第 1035 条规定了自然人的知情同意权，第 1038 条规定了个人信息主体的权利，本条则对自然人的查阅复制权和更正删除权作了规定。

自然人对个人信息的查阅复制权是指信息主体有权查阅其个人信息被处理的情况，并有权对处理的个人信息进行复制。查阅复制权在个人信息保护体系中的地位很重要。自然人要行使自己对个人信息的其他权利，必须首先了解自己的哪些个人信息被处理，以及被处理的情况如何，特别是要能了解在此过程中其个人信息是否被保持得完整准确。只有这样，才能判断信息处理者的处理活动是否符合信息主体的预期，信息主体也才能决定是否有必要对相关信息进行更正、删除。所以，信息查阅复制权是确保自然人能够实现这些权利的重要内容，任何组织或者个人都不得非法剥夺。基于此，本条第 1 款规定，自然人可以依法向信息处理者查阅或者复制其个人信息。

个人信息更正权，简称更正权，是指信息主体有权请求信息处理主体对不正确、不全面的个人信息进行改正与补充的权利。更正权具体包括：个人信息错误更正权，即对于错误的个人信息，本人有更正的权利；个人信息补充权，即对于遗漏或新发生的个人信息，本人有补充的权利；个人信息更新权是本人要求对于过时的个人信息及时更新的权利。确保个人信息的准确性、完整性和及时更新，信息处理者才能确保提供服务的质量，才能有效维护信息主体的合法权益。赋予信息主体更正权是国际上的通行做法，例如《欧盟一般数据保护条例》第 16 条规定，数据主体有权要求数据控制者对其错误的个人数据进行更正。我国网络安全法第 43 条也规定，个人发现网络运营者收集、存储的其个人信息有错误的，有权要求网络运营者予以更正，网络运营者应当采取措施予以删除或更正。因此，本条第 1 款规定，自然人发现信息有错误的，有权提出异议并请求及时采取更正等必要措施。

个人信息删除权，简称删除权，是指信息主体在法定或约定的事由出现时，有权请求信息处理者删除其个人信息的权利。我国网络安全法第 43 条规定，个人发现网络运营者违反法律、行政法规的规定或者双方的约定收集、使用其个人信息的，有权要求网络运营者删除其个人信息。本条在网络安全法的基础上规定，自然人发现信息处理者违反法律、行政法规的规定或者双方的约定处理其个人信息的，有权请求信息处理者及时删除。根据本条的规定，信息主体一般在下列情形下可以请求删除个人信息：一是处理个人信息的行为不合法。例如，信息处理者处理个人信息未取得信息主体的同意，并且也没有法律法规的明确授权；还比如，信息处理者的处理行为超出了法定或者约定的范围。二是信息处理者处理个人信息的目的已不存在,其没有必要再保存个人信息。三是信息主体与信息处理者约定的处理个人信息的期限已届满,根据约定,信息主体有权要求删除。需要强调的是,本条规定的个人信息删除权并非《欧盟一般数据保护条例》所规定的“个人信息被遗忘权”。目前各方对欧盟版的“个人信息被遗忘权”争议极大,对这一问题宜继续研究,因此,本法对此未作规定。

第一千零三十八条　信息处理者不得泄露或者篡改其收集、存储的个人信息;未经自然人同意,不得向他人非法提供其个人信息,但是经过加工无法识别特定个人且不能复原的除外。

信息处理者应当采取技术措施和其他必要措施,确保其收集、存储的个人信息安全,防止信息泄露、篡改、丢失;发生或者可能发生个人信息泄露、篡改、丢失的,应当及时采取补救措施,按照规定告知自然人并向有关主管部门报告。

【释义】 本条是关于信息处理者对个人信息安全保护义务的规定。

信息处理者对处理的个人信息负安全保护义务是确保个人信息安全的重要保障。随着人工智能、大数据技术、拍照技术等科学技术的快速发展,个人信息被泄露、被复制、被窃取的风险越来越大,特别是随着互联网应用的普及和人们对互联网的依赖,互联网的安全问题也日益凸显,黑客攻击和大规模的个人信息窃取案件频发,大量网民因个人信息被窃取导致人身财产受损严重。此外,目前网站攻击与技术窃取个人信息的行为正在向批量化、规模化方向发展,用户个人信息权益遭到侵害,特别是一些重要数据信息甚至流向他国,信息安全威胁已经上升至国家安全层面。实践中,因信息处理者未履行对个人信息的安全义务,导致自然人的个人信息被大规模泄露的事件时有发生。如果信息处理者不采取有力措施保护个人信息,就会对个人信息主体造成严重滋扰,严重损害其人格尊严,也会对社会秩序造成严重冲击。因此,明确信息处理者对个人信息的安全保护义务对个人信息保护至关重要。世界各国和相关地区的个人信息保护立法均强调信息处理者对个人信息负有安全保护义务。例如,《欧盟一般数据保护条例》规定,数据处理应当采用适当的技术措施和组织措施,确保数据安全,防止未经授权的访问,非法处理或者数据的丢失、毁损和破坏。我国现行的网络安全法、电子商务法、消费者权益保护法等法律和多部行政法规均对个人信息的安全保护义务作了规定。本条在现行法律法规的基础上,从三个方面对信息处理者应当履行的安全保护义务作了规定:

一是信息处理者不得泄露或者篡改其收集、存储的个人信息;未经自然人同意,不得向他人非法提供个人信息,但是经过加工无法识别特定个人且不能复原的除外。这是对信息处理者自身不得泄露、篡改、非法提供个人信息的要求。信息处理者自己主动泄露、篡改、非法提供个人信息的行为是严重违反安全保护义务的行为,也是一种故意侵犯个人信息权益的行为,不但要承担民事责任,造成严重后果的,还有可能承担刑事责任。本法第 1035 条第 1 款第 1 项明确规定,除法律、行政法规另有规定外,处理自然人个人信息的,应当征得该自然人或者其监护人同意。根据这一规定的逻辑,信息处理者未经信息主体的同意就向他人非法提供个人信息,就属于泄露个人信息的具体情形。根据该条第2款的规定,本章中的“处理”包括向他人提供个人信息的行为,因此,信息处理者向他人提供个人信息必须经信息主体同意,否则将承担侵权责任。当然,本条同时也规定,个人信息经过加工无法识别特定个人且不能复原的,信息处理者可以不经信息主体同意向他人提供。经过加工无法识别特定个人且不能复原的信息就是经过匿名化处理的信息。随着大数据时代、人工智能时代的到来,海量的个人信息数据成为了具有重大价值的资产,若对这些信息资产利用得当,必将产生巨大的社会效益,必将有力地推动经济的发展。而通过匿名化技术消除个人信息的信息主体身份特征后加以利用,成为利用这些信息数据的重要手段。个人信息通过匿名化技术处理后,信息主体很难再被识别出来,对其人格尊严也就不会产生损害,此时的匿名化信息已失去了个人信息最本质的特征,已不再属于个人信息,因此也就不需要适用个人信息保护的相关规则,信息处理者自然也就可以不经信息主体同意就向他人提供这些匿名化的信息。对于判断“无法识别特定个人且不能复原的”信息的具体规则和要求,本法典并未作规定,这可以由将来的个人信息保护法等特别法或者专门的行政法规、部门规章作出规定。

二是信息处理者应当采取技术措施和其他必要措施,确保其收集、存储的个人信息安全,防止信息泄露、篡改、丢失。信息处理者除自己不得主动泄露、篡改、非法提供其收集、存储的个人信息外,还要积极采取措施确保其收集、存储的个人信息安全。这要求信息处理者要为个人信息的存储提供必要的安全环境。虽然本条并没有将这些具体措施作具体化的规定,但原则上要求信息处理者在合理限度内采取必要措施保证信息安全。这些措施主要是技术手段,例如设置多重密码,设置"防火墙"以防止病毒入侵等。在确定具体采取哪些必要措施时,可以结合安全措施的成本和个人信息的性质内容来决定和判断。

三是发生或者可能发生个人信息泄露、篡改、丢失的情况的,应当及时采取补救措施,依照规定告知信息主体并向有关主管部门报告。如果信息处理者没有采取措施或者采取的措施不力,导致发生或者可能发生个人信息泄露、篡改、丢失的情况的,其既有及时采取补救措施的义务,同时还有依照规定告知信息主体并向有关主管部门报告的义务,以防止个人信息进一步被泄露、篡改、丢失,避免损害的进一步扩大。判断是否构成本条第2款规定的"及时",要结合个人信息被处理和传播的速度,确认采取的补救措施是否能使损害最小化。本款规定的补救措施,可以是本法典侵权责任编关于防止网络侵权的删除、断开连接、屏蔽措施,还包括其他可以减少损害的所有合理措施。本款所规定的"告知"和"报告"义务,必须是将相关的危险情况以可以理解的方式,清晰、明确、全面地告知当事人。

第一千零三十九条　国家机关、承担行政职能的法定机构及其工作人员对于履行职责过程中知悉的自然人的隐私和个人信息,应当予以保密,不得泄露或者向他人非法提供。

【释义】　本条是关于国家机关、承担行政职能的法定机构及其工作人员对个人信息保密义务的规定。

国家机关、承担行政职能的法定机构及其工作人员在依法履行职责的过程中常常会接触到自然人的隐私和个人信息，这可以体现在两个方面：一是根据法律、行政法规的授权，国家机关、承担行政职能的法定机构及其工作人员主动处理他人的个人信息，或者进入、搜查、监视他人的私密场所，跟踪他人的私密活动等，例如公安机关对犯罪嫌疑人进行监视或者跟踪，医疗卫生行政主管部门为了防治传染病而处理一些患者的疾病信息等。二是国家机关、承担行政职能的法定机构及其工作人员在履行职责过程中被动地、不可避免地知悉或者了解到自然人的隐私和个人信息，例如公安机关在对犯罪嫌疑人进行监视或者跟踪时会不可避免地知悉或者了解到与犯罪嫌疑人相关的其他自然人的一些隐私和个人信息。无论是根据法律、行政法规授权主动知悉的自然人的隐私和个人信息，还是在履行职责过程中被动知悉的自然人的隐私和个人信息，国家机关、承担行政职能的法定机构及其工作人员都必须予以保密，这是其应遵守的基本法定义务。之所以强调这一点：一是从现实情况看，国家机关、承担行政职能的法定机构及其工作人员在履行职责过程中知悉的自然人的隐私和个人信息量多面广，据统计，国家机关知悉或者掌握的自然人的隐私和个人信息量远超一般的企业等商事主体；二是国家机关、承担行政职能的法定机构及其工作人员在履行职责过程中知悉或者掌握的自然人隐私和个人信息一般都私密程度较高或者敏感度较大。若国家机关、承担行政职能的法定机构及其工作人员没有强烈的保密意识，导致这些自然人的隐私和个人信息被泄露或者公开，有可能对相关自然人的权益造成极大的损害，社会后果也是极为严重的。基于此，本条明确规定，国家机关、承担行政职能的法定机构及其工作人员对于履行职责过程中知悉的自然人的隐私和个人信息，应当予以保密，不得泄露或者向他人非法提供。这就要求国家机关、承担行政职能的法定机构及其工作人员对履行职责中知悉的自然人的隐私和个人信息不但要有强烈的保密意识，自己不主动泄露、公开或者非法提供这些自然人的隐私和个人信息，还要采取有力的措施确保这些隐私和个人信息不被泄露、不被公开。除了本条规定，我国的一些单行法对此已作了相关规定，例如我国监察法第 18 条第 2 款规定了监察机关及工作人员对履行职责过程中掌握的信息负有保密义务。

这里需要说明的是，民法典主要调整的是作为平等主体的自然人、法人和非法人组织之间的人身关系和财产关系。人格权编作为民法典的一部分主要调整的也是平等主体之间因人格权的享有和保护而产生的民事关系。本章对个人信息保护的规范也主要限于平等主体之间。所以，从严格意义上讲，本条关于国家机关、承担行政职能的法定机构及其工作人员在履行职责过程中承担对自然人的隐私或者个人信息保密义务的规定不属于民法典规定的内容。但由于国家机关、承担行政职能的法定机构及其工作人员在履行职责过程中掌握了大量个人的隐私和个人信息，且多数为敏感重要的个人信息，一旦被泄露，将对个人造成严重损害，后果也将极为严重，所以这个问题对于个人信息的保护极为重要，本条从强调的角度对此作了规定。若国家机关、承担行政职能的法定机构及其工作人员在履行职责过程中违反保密义务，侵害了自然人的权益，权利人可以根据国家赔偿法或者其他相关法律的规定要求国家机关、承担行政职能的法定机构承担法律责任。

附　　录

中华人民共和国民法典（节录）

（2020年5月28日第十三届全国人民代表大会第三次会议通过　2020年5月28日中华人民共和国主席令第四十五号公布　自2021年1月1日起施行）

目　　录

第四编　人格权
　第一章　一般规定
　第二章　生命权、身体权和健康权
　第三章　姓名权和名称权
　第四章　肖像权
　第五章　名誉权和荣誉权
　第六章　隐私权和个人信息保护
附　　则

第四编　人　格　权

第一章　一般规定

第九百八十九条　本编调整因人格权的享有和保护产生

的民事关系。

第九百九十条 人格权是民事主体享有的生命权、身体权、健康权、姓名权、名称权、肖像权、名誉权、荣誉权、隐私权等权利。

除前款规定的人格权外,自然人享有基于人身自由、人格尊严产生的其他人格权益。

第九百九十一条 民事主体的人格权受法律保护,任何组织或者个人不得侵害。

第九百九十二条 人格权不得放弃、转让或者继承。

第九百九十三条 民事主体可以将自己的姓名、名称、肖像等许可他人使用,但是依照法律规定或者根据其性质不得许可的除外。

第九百九十四条 死者的姓名、肖像、名誉、荣誉、隐私、遗体等受到侵害的,其配偶、子女、父母有权依法请求行为人承担民事责任;死者没有配偶、子女且父母已经死亡的,其他近亲属有权依法请求行为人承担民事责任。

第九百九十五条 人格权受到侵害的,受害人有权依照本法和其他法律的规定请求行为人承担民事责任。受害人的停止侵害、排除妨碍、消除危险、消除影响、恢复名誉、赔礼道歉请求权,不适用诉讼时效的规定。

第九百九十六条 因当事人一方的违约行为,损害对方人格权并造成严重精神损害,受损害方选择请求其承担违约责任的,不影响受损害方请求精神损害赔偿。

第九百九十七条 民事主体有证据证明行为人正在实施或者即将实施侵害其人格权的违法行为,不及时制止将使其合法权益受到难以弥补的损害的,有权依法向人民法院申请采取责令行为人停止有关行为的措施。

第九百九十八条　认定行为人承担侵害除生命权、身体权和健康权外的人格权的民事责任，应当考虑行为人和受害人的职业、影响范围、过错程度，以及行为的目的、方式、后果等因素。

第九百九十九条　为公共利益实施新闻报道、舆论监督等行为的，可以合理使用民事主体的姓名、名称、肖像、个人信息等；使用不合理侵害民事主体人格权的，应当依法承担民事责任。

第一千条　行为人因侵害人格权承担消除影响、恢复名誉、赔礼道歉等民事责任的，应当与行为的具体方式和造成的影响范围相当。

行为人拒不承担前款规定的民事责任的，人民法院可以采取在报刊、网络等媒体上发布公告或者公布生效裁判文书等方式执行，产生的费用由行为人负担。

第一千零一条　对自然人因婚姻家庭关系等产生的身份权利的保护，适用本法第一编、第五编和其他法律的相关规定；没有规定的，可以根据其性质参照适用本编人格权保护的有关规定。

第二章　生命权、身体权和健康权

第一千零二条　自然人享有生命权。自然人的生命安全和生命尊严受法律保护。任何组织或者个人不得侵害他人的生命权。

第一千零三条　自然人享有身体权。自然人的身体完整和行动自由受法律保护。任何组织或者个人不得侵害他人的身体权。

第一千零四条 自然人享有健康权。自然人的身心健康受法律保护。任何组织或者个人不得侵害他人的健康权。

第一千零五条 自然人的生命权、身体权、健康权受到侵害或者处于其他危难情形的,负有法定救助义务的组织或者个人应当及时施救。

第一千零六条 完全民事行为能力人有权依法自主决定无偿捐献其人体细胞、人体组织、人体器官、遗体。任何组织或者个人不得强迫、欺骗、利诱其捐献。

完全民事行为能力人依据前款规定同意捐献的,应当采用书面形式,也可以订立遗嘱。

自然人生前未表示不同意捐献的,该自然人死亡后,其配偶、成年子女、父母可以共同决定捐献,决定捐献应当采用书面形式。

第一千零七条 禁止以任何形式买卖人体细胞、人体组织、人体器官、遗体。

违反前款规定的买卖行为无效。

第一千零八条 为研制新药、医疗器械或者发展新的预防和治疗方法,需要进行临床试验的,应当依法经相关主管部门批准并经伦理委员会审查同意,向受试者或者受试者的监护人告知试验目的、用途和可能产生的风险等详细情况,并经其书面同意。

进行临床试验的,不得向受试者收取试验费用。

第一千零九条 从事与人体基因、人体胚胎等有关的医学和科研活动,应当遵守法律、行政法规和国家有关规定,不得危害人体健康,不得违背伦理道德,不得损害公共利益。

第一千零一十条　违背他人意愿,以言语、文字、图像、肢体行为等方式对他人实施性骚扰的,受害人有权依法请求行为人承担民事责任。

机关、企业、学校等单位应当采取合理的预防、受理投诉、调查处置等措施,防止和制止利用职权、从属关系等实施性骚扰。

第一千零一十一条　以非法拘禁等方式剥夺、限制他人的行动自由,或者非法搜查他人身体的,受害人有权依法请求行为人承担民事责任。

第三章　姓名权和名称权

第一千零一十二条　自然人享有姓名权,有权依法决定、使用、变更或者许可他人使用自己的姓名,但是不得违背公序良俗。

第一千零一十三条　法人、非法人组织享有名称权,有权依法决定、使用、变更、转让或者许可他人使用自己的名称。

第一千零一十四条　任何组织或者个人不得以干涉、盗用、假冒等方式侵害他人的姓名权或者名称权。

第一千零一十五条　自然人应当随父姓或者母姓,但是有下列情形之一的,可以在父姓和母姓之外选取姓氏:

(一)选取其他直系长辈血亲的姓氏;

(二)因由法定扶养人以外的人扶养而选取扶养人姓氏;

(三)有不违背公序良俗的其他正当理由。

少数民族自然人的姓氏可以遵从本民族的文化传统和风俗习惯。

第一千零一十六条　自然人决定、变更姓名,或者法人、非法人组织决定、变更、转让名称的，应当依法向有关机关办理登记手续，但是法律另有规定的除外。

民事主体变更姓名、名称的，变更前实施的民事法律行为对其具有法律约束力。

第一千零一十七条 具有一定社会知名度，被他人使用足以造成公众混淆的笔名、艺名、网名、译名、字号、姓名和名称的简称等，参照适用姓名权和名称权保护的有关规定。

第四章 肖 像 权

第一千零一十八条 自然人享有肖像权，有权依法制作、使用、公开或者许可他人使用自己的肖像。

肖像是通过影像、雕塑、绘画等方式在一定载体上所反映的特定自然人可以被识别的外部形象。

第一千零一十九条 任何组织或者个人不得以丑化、污损，或者利用信息技术手段伪造等方式侵害他人的肖像权。未经肖像权人同意，不得制作、使用、公开肖像权人的肖像，但是法律另有规定的除外。

未经肖像权人同意，肖像作品权利人不得以发表、复制、发行、出租、展览等方式使用或者公开肖像权人的肖像。

第一千零二十条 合理实施下列行为的，可以不经肖像权人同意：

（一）为个人学习、艺术欣赏、课堂教学或者科学研究，在必要范围内使用肖像权人已经公开的肖像；

（二）为实施新闻报道，不可避免地制作、使用、公开肖像权人的肖像；

（三）为依法履行职责，国家机关在必要范围内制作、使用、公开肖像权人的肖像；

（四）为展示特定公共环境，不可避免地制作、使用、公开肖像权人的肖像；

（五）为维护公共利益或者肖像权人合法权益，制作、使用、公开肖像权人的肖像的其他行为。

第一千零二十一条　当事人对肖像许可使用合同中关于肖像使用条款的理解有争议的，应当作出有利于肖像权人的解释。

第一千零二十二条　当事人对肖像许可使用期限没有约定或者约定不明确的，任何一方当事人可以随时解除肖像许可使用合同，但是应当在合理期限之前通知对方。

当事人对肖像许可使用期限有明确约定，肖像权人有正当理由的，可以解除肖像许可使用合同，但是应当在合理期限之前通知对方。因解除合同造成对方损失的，除不可归责于肖像权人的事由外，应当赔偿损失。

第一千零二十三条　对姓名等的许可使用，参照适用肖像许可使用的有关规定。

对自然人声音的保护，参照适用肖像权保护的有关规定。

第五章　名誉权和荣誉权

第一千零二十四条　民事主体享有名誉权。任何组织或者个人不得以侮辱、诽谤等方式侵害他人的名誉权。

名誉是对民事主体的品德、声望、才能、信用等的社会评价。

第一千零二十五条　行为人为公共利益实施新闻报道、舆论监督等行为，影响他人名誉的，不承担民事责任，但是有下列情形之一的除外：

（一）捏造、歪曲事实；

（二）对他人提供的严重失实内容未尽到合理核实义务；

（三）使用侮辱性言辞等贬损他人名誉。

第一千零二十六条 认定行为人是否尽到前条第二项规定的合理核实义务，应当考虑下列因素：

（一）内容来源的可信度；

（二）对明显可能引发争议的内容是否进行了必要的调查；

（三）内容的时限性；

（四）内容与公序良俗的关联性；

（五）受害人名誉受贬损的可能性；

（六）核实能力和核实成本。

第一千零二十七条 行为人发表的文学、艺术作品以真人真事或者特定人为描述对象，含有侮辱、诽谤内容，侵害他人名誉权的，受害人有权依法请求该行为人承担民事责任。

行为人发表的文学、艺术作品不以特定人为描述对象，仅其中的情节与该特定人的情况相似的，不承担民事责任。

第一千零二十八条 民事主体有证据证明报刊、网络等媒体报道的内容失实，侵害其名誉权的，有权请求该媒体及时采取更正或者删除等必要措施。

第一千零二十九条 民事主体可以依法查询自己的信用评价；发现信用评价不当的，有权提出异议并请求采取更正、删除等必要措施。信用评价人应当及时核查，经核查属实的，应当及时采取必要措施。

第一千零三十条 民事主体与征信机构等信用信息处理者之间的关系，适用本编有关个人信息保护的规定和其他法律、行政法规的有关规定。

第一千零三十一条 民事主体享有荣誉权。任何组织或者个人不得非法剥夺他人的荣誉称号，不得诋毁、贬损他人的荣誉。

获得的荣誉称号应当记载而没有记载的，民事主体可以请求记载；获得的荣誉称号记载错误的，民事主体可以请求更正。

第六章 隐私权和个人信息保护

第一千零三十二条 自然人享有隐私权。任何组织或者个人不得以刺探、侵扰、泄露、公开等方式侵害他人的隐私权。

隐私是自然人的私人生活安宁和不愿为他人知晓的私密空间、私密活动、私密信息。

第一千零三十三条 除法律另有规定或者权利人明确同意外，任何组织或者个人不得实施下列行为：

（一）以电话、短信、即时通讯工具、电子邮件、传单等方式侵扰他人的私人生活安宁；

（二）进入、拍摄、窥视他人的住宅、宾馆房间等私密空间；

（三）拍摄、窥视、窃听、公开他人的私密活动；

（四）拍摄、窥视他人身体的私密部位；

（五）处理他人的私密信息；

（六）以其他方式侵害他人的隐私权。

第一千零三十四条 自然人的个人信息受法律保护。

个人信息是以电子或者其他方式记录的能够单独或者与其他信息结合识别特定自然人的各种信息，包括自然人的姓名、出生日期、身份证件号码、生物识别信息、住址、电话号码、电子邮箱、健康信息、行踪信息等。

个人信息中的私密信息，适用有关隐私权的规定；没有规定的，适用有关个人信息保护的规定。

第一千零三十五条 处理个人信息的，应当遵循合法、正当、必要原则，不得过度处理，并符合下列条件：

（一）征得该自然人或者其监护人同意，但是法律、行政法规另有规定的除外；

（二）公开处理信息的规则；

（三）明示处理信息的目的、方式和范围；

（四）不违反法律、行政法规的规定和双方的约定。

个人信息的处理包括个人信息的收集、存储、使用、加工、传输、提供、公开等。

第一千零三十六条 处理个人信息，有下列情形之一的，行为人不承担民事责任：

（一）在该自然人或者其监护人同意的范围内合理实施的行为；

（二）合理处理该自然人自行公开的或者其他已经合法公开的信息，但是该自然人明确拒绝或者处理该信息侵害其重大利益的除外；

（三）为维护公共利益或者该自然人合法权益，合理实施的其他行为。

第一千零三十七条 自然人可以依法向信息处理者查阅或者复制其个人信息；发现信息有错误的，有权提出异议并请求及时采取更正等必要措施。

自然人发现信息处理者违反法律、行政法规的规定或者双方的约定处理其个人信息的，有权请求信息处理者及时删除。

第一千零三十八条 信息处理者不得泄露或者篡改其收

集、存储的个人信息；未经自然人同意，不得向他人非法提供其个人信息，但是经过加工无法识别特定个人且不能复原的除外。

信息处理者应当采取技术措施和其他必要措施，确保其收集、存储的个人信息安全，防止信息泄露、篡改、丢失；发生或者可能发生个人信息泄露、篡改、丢失的，应当及时采取补救措施，按照规定告知自然人并向有关主管部门报告。

第一千零三十九条　国家机关、承担行政职能的法定机构及其工作人员对于履行职责过程中知悉的自然人的隐私和个人信息，应当予以保密，不得泄露或者向他人非法提供。

附　　则

第一千二百五十九条　民法所称的“以上”、“以下”、“以内”、“届满”，包括本数；所称的“不满”、“超过”、“以外”，不包括本数。

第一千二百六十条　本法自2021年1月1日起施行。《中华人民共和国婚姻法》、《中华人民共和国继承法》、《中华人民共和国民法通则》、《中华人民共和国收养法》、《中华人民共和国担保法》、《中华人民共和国合同法》、《中华人民共和国物权法》、《中华人民共和国侵权责任法》、《中华人民共和国民法总则》同时废止。

关于《中华人民共和国民法典（草案）》的说明（节录）

——2020年5月22日在第十三届全国人民代表大会第三次会议上

全国人民代表大会常务委员会副委员长　王　晨

各位代表：

我受全国人大常委会委托，作关于《中华人民共和国民法典（草案）》的说明。

一、编纂民法典的重大意义

编纂民法典是党的十八届四中全会确定的一项重大政治任务和立法任务，是以习近平同志为核心的党中央作出的重大法治建设部署。编纂民法典，就是通过对我国现行的民事法律制度规范进行系统整合、编订纂修，形成一部适应新时代中国特色社会主义发展要求，符合我国国情和实际，体例科学、结构严谨、规范合理、内容完整并协调一致的法典。这是一项系统的、重大的立法工程。

编纂一部真正属于中国人民的民法典，是新中国几代人的夙愿。党和国家曾于1954年、1962年、1979年和2001年先后四次启动民法制定工作。第一次和第二次，由于多种原因而未能取得实际成果。1979年第三次启动，由于刚刚进入改革开放新时期，制定一部完整民法典的条件尚不具备。因此，当时领导全国人大法制委员会立法工作的彭真、习仲勋等同志深入研究后，在八十年代初决定按照“成熟一个通过一个”的工作思路，确定先制定民事单行法律。现行的继承法、民法通则、担保法、合同法就是在这种工作思路下先后制定的。2001年，九届全国人大常委会组织起草《中华人民共和国民法(草案)》，并于2002年12月进行了一次审议。经讨论和研究，仍确定继续采取分别制定单行法的办法推进我国民事法律制度建设。2003年十届全国人大以来，又陆续制定了物权法、侵权责任法、涉外民事关系法律适用法等。总的看，经过多年来努力，我国民事立法是富有成效的，逐步形成了比较完备的民事法律规范体系，民事司法实践积累了丰富经验，民事法律服务取得显著进步，民法理论研究也达到较高水平，全社会民事法治观念普遍增强，为编纂民法典奠定了较好的制度基础、实践基础、理论基础和社会基础。随着我国社会主义现代化事业不断发展和全面依法治国深入推进，人民群众和社会各方面对编纂和出台民法典寄予很大的期盼。

党的十八大以来，以习近平同志为核心的党中央把全面依法治国摆在突出位置，推动党和国家事业发生历史性变革、取得历史性成就，中国特色社会主义已经进入新时代。在坚持和完善中国特色社会主义制度、推进国家治理体系和治理能力现代化的新征程中，编纂民法典具有重大而深远的意义。

（一）编纂民法典是坚持和完善中国特色社会主义制度的现实需要

回顾人类文明史，编纂法典是具有重要标志意义的法治建设工程，是一个国家、一个民族走向繁荣强盛的象征和标志。新中国成立70多年特别是改革开放40多年来，中国共产党团结带领中国人民不懈奋斗，成功开辟了中国特色社会主义道路，取得了举世瞩目的发展成就，中国特色社会主义制度展现出强大生命力和显著优越性。我国民事法律制度正是伴随着新时期改革开放和社会主义现代化建设的历史进程而形成并不断发展完善的，是中国特色社会主义法律制度的重要组成部分。在系统总结制度建设成果和实践经验的基础上，编纂一部具有中国特色、体现时代特点、反映人民意愿的民法典，不仅能充分彰显中国特色社会主义法律制度成果和制度自信，促进和保障中国特色社会主义事业不断发展，也能为人类法治文明的发展进步贡献中国智慧和中国方案。

（二）编纂民法典是推进全面依法治国、推进国家治理体系和治理能力现代化的重大举措

民法是中国特色社会主义法律体系的重要组成部分，是民事领域的基础性、综合性法律，它规范各类民事主体的各种人身关系和财产关系，涉及社会和经济生活的方方面面，被称为“社会生活的百科全书”。建立健全完备的法律规范体系，以良法保障善治，是全面依法治国的前提和基础。民法通过确立民事主体、民事权利、民事法律行为、民事责任等民事总则制度，确立物权、合同、人格权、婚姻家庭、继承、侵权责任等民事分则制度，来调整各类民事关系。民法与国家其他领域法律规范一起，支撑着国家制度和国家治理体系，是保证国家制度和国家

治理体系正常有效运行的基础性法律规范。编纂民法典，就是全面总结我国的民事立法和司法的实践经验，对现行民事单行法律进行系统编订纂修，将相关民事法律规范编纂成一部综合性法典，不断健全完善中国特色社会主义法律体系。这对于以法治方式推进国家治理体系和治理能力现代化，更好地发挥法治固根本、稳预期、利长远的保障作用，具有重要意义。

（三）编纂民法典是坚持和完善社会主义基本经济制度、推动经济高质量发展的客观要求

公有制为主体、多种所有制经济共同发展，按劳分配为主体、多种分配方式并存，社会主义市场经济体制等社会主义基本经济制度，是以法治为基础、在法治轨道上运行、受法治规则调整的经济制度，社会主义市场经济本质上是法治经济。我国民事主体制度中的法人制度，规范民事活动的民事法律行为制度、代理制度，调整各类财产关系的物权制度，调整各类交易关系的合同制度，保护和救济民事权益的侵权责任制度，都是坚持和完善社会主义基本经济制度不可或缺的法律制度规范和行为规则。同时，我国民事法律制度建设一直秉持“民商合一”的传统，把许多商事法律规范纳入民法之中。编纂民法典，进一步完善我国民商事领域基本法律制度和行为规则，为各类民商事活动提供基本遵循，有利于充分调动民事主体的积极性和创造性、维护交易安全、维护市场秩序，有利于营造各种所有制主体依法平等使用资源要素、公开公平公正参与竞争、同等受到法律保护的市场环境，推动经济高质量发展。

（四）编纂民法典是增进人民福祉、维护最广大人民根本利益的必然要求

中国特色社会主义法治建设的根本目的是保障人民权益。

改革开放以来，我国民事法律制度逐步得到完善和发展，公民的民事权利也得到越来越充分的保护。中国特色社会主义进入新时代，随着我国社会主要矛盾的变化，随着经济发展和国民财富的不断积累，随着信息化和大数据时代的到来，人民群众在民主、法治、公平、正义、安全、环境等方面的要求日益增长，希望对权利的保护更加充分、更加有效。党的十九大明确提出，要保护人民人身权、财产权、人格权。而现行民事立法中的有些规范已经滞后，难以适应人民日益增长的美好生活需要。编纂民法典，健全和充实民事权利种类，形成更加完备的民事权利体系，完善权利保护和救济规则，形成规范有效的权利保护机制，对于更好地维护人民权益，不断增加人民群众获得感、幸福感和安全感，促进人的全面发展，具有十分重要的意义。

二、编纂民法典的总体要求和基本原则

民法典是新中国第一部以法典命名的法律，开创了我国法典编纂立法的先河，具有里程碑意义。以习近平同志为核心的党中央高度重视民法典编纂工作，将编纂民法典列入党中央重要工作议程，并对编纂民法典工作任务作出总体部署、提出明确要求。十二届、十三届全国人大常委会都高度重视这一立法工作，将编纂民法典纳入全国人大常委会立法规划和年度立法工作计划，确定为全国人大常委会的立法工作重点项目，积极持续推进。为做好民法典编纂工作，全国人大常委会党组先后多次向党中央请示和报告，就民法典编纂工作的总体考虑、工作步骤、体例结构等重大问题进行汇报。2016 年 6 月、2018 年 8 月、2019 年 12 月，习近平总书记三次主持中央政治局常委会会议，听取并原则同意全国人大常委会党组就民法典编纂工作所作的请示汇报，对民法典编纂工作作出重要指示，为民法典编纂工作提供了重要指导和基本遵循。

编纂民法典的指导思想是：高举中国特色社会主义伟大旗帜，以马克思列宁主义、毛泽东思想、邓小平理论、“三个代表”重要思想、科学发展观、习近平新时代中国特色社会主义思想为指导，增强“四个意识”，坚定“四个自信”，做到“两个维护”，全面贯彻党的十八大、十九大和有关中央全会精神，坚持党的领导、人民当家作主、依法治国有机统一，紧紧围绕统筹推进“五位一体”总体布局和协调推进“四个全面”战略布局，紧紧围绕建设中国特色社会主义法治体系、建设社会主义法治国家，总结实践经验，适应时代要求，对我国现行的、制定于不同时期的民法通则、物权法、合同法、担保法、婚姻法、收养法、继承法、侵权责任法和人格权方面的民事法律规范进行全面系统的编订纂修，形成一部具有中国特色、体现时代特点、反映人民意愿的民法典，为新时代坚持和完善中国特色社会主义制度、实现“两个一百年”奋斗目标、实现中华民族伟大复兴中国梦提供完备的民事法治保障。

贯彻上述指导思想，切实做好民法典编纂工作，必须遵循和体现以下基本原则：一是坚持正确政治方向，全面贯彻习近平总书记全面依法治国新理念新思想新战略，坚决贯彻党中央的决策部署，坚持服务党和国家工作大局，充分发挥民法典在坚持和完善中国特色社会主义制度、推进国家治理体系和治理能力现代化中的重要作用。二是坚持以人民为中心，以保护民事权利为出发点和落脚点，切实回应人民的法治需求，更好地满足人民日益增长的美好生活需要，充分实现好、维护好、发展好最广大人民的根本利益，使民法典成为新时代保护人民民事权利的好法典。三是坚持立足国情和实际,全面总结我国改革开放 40 多年来民事立法和实践经验,以法典化方式巩固、确认和发展民事法治建设成果,以实践需求指引立法方向,提高民事法律制度的针对性、有效性、适应性,发挥法治的引领、规范、保障作用。四是坚持依法治国与以德治国相结合,注重将社会主义核心价值观融入民事法律规范,大力弘扬传统美德和社会公德,强化规则意识,倡导契约精神,维护公序良俗。五是坚持科学立法、民主立法、依法立法,不断增强民事法律规范的系统性、完整性,既保持民事法律制度的连续性、稳定性,又保持适度的前瞻性、开放性,同时处理好、衔接好法典化民事法律制度下各类规范之间的关系。

三、民法典编纂工作情况

根据党中央的工作部署,编纂民法典的起草工作由全国人大常委会法制工作委员会牵头,最高人民法院、最高人民检察院、司法部、中国社会科学院、中国法学会为参加单位。为做好民法典编纂工作,全国人大常委会法制工作委员会与五家参加单位成立了民法典编纂工作协调小组,并成立了民法典编纂工作专班。

编纂民法典不是制定全新的民事法律,也不是简单的法律汇编,而是对现行的民事法律规范进行编订纂修,对已经不适应现实情况的规定进行修改完善,对经济社会生活中出现的新情况、新问题作出有针对性的新规定。编纂民法典采取“两步走”的工作思路进行:第一步,制定民法总则,作为民法典的总则编;第二步,编纂民法典各分编,经全国人大常委会审议和修改完善后,再与民法总则合并为一部完整的民法典草案。

2015 年 3 月,全国人大常委会法制工作委员会启动民法典编纂工作,着手第一步的民法总则制定工作,以 1986 年制定的民法通则为基础,系统梳理总结有关民事法律的实践经验,提炼民事法律制度中具有普遍适用性和引领性的规则,形成民法总则草案,2016 年由十二届全国人大常委会进行了三次审议,2017 年 3 月由第十二届全国人民代表大会第五次会议审议通过。制定民法总则,完成了民法典编纂工作的第一步,为民法典编纂奠定了坚实基础。

民法总则通过后,十二届、十三届全国人大常委会接续努力、抓紧开展作为民法典编纂第二步的各分编编纂工作。法制工作委员会与民法典编纂工作各参加单位全力推进民法典各分编编纂工作,系统梳理、研究历年来有关方面提出的意见,开展立法调研,广泛听取意见建议,以现行物权法、合同法、担保法、婚姻法、收养法、继承法、侵权责任法等为基础,结合我国经济社会发展对民事法律提出的新需求,形成了包括物权、合同、人格权、婚姻家庭、继承、侵权责任等 6 个分编在内的民法典各分编草案,提请 2018 年 8 月召开的第十三届全国人大常委会第五次会议审议。其后,2018 年 12 月、2019 年 4 月、6 月、8 月、10 月,第十三届全国人大常委会第七次、第十次、第十一次、第十二次、第十四次会议对民法典各分编草案进行了拆分审议,对全部 6 个分编草案进行了二审,对各方面比较关注的人格权、婚姻家庭、侵权责任 3 个分编草案进行了三审。在此基础上,将民法总则与经过常委会审议和修改完善的民法典各分编草案合并,形成《中华人民共和国民法典(草案)》,提请 2019 年 12 月召开的第十三届全国人大常委会第十五次会议审议。经审议,全国人大常委会作出决定,将民法典草案提请本次大会审议。

民法典草案经全国人大常委会审议后，全国人大常委会办公厅将草案印发十三届全国人大代表、部署组织全国人大代表研读讨论民法典草案工作，征求代表意见。同时，法制工作委员会还将草案印发地方人大、基层立法联系点、中央有关部门征求意见，并在中国人大网公布征求社会公众意见。法制工作委员会还在北京召开多个座谈会，听取有关部门、专家的意见。各方面普遍认为，编纂民法典，对于完善中国特色社会主义法律体系，以法治方式推进国家治理体系和治理能力现代化，切实维护最广大人民的根本利益，促进社会公平正义具有重要意义。

新冠肺炎疫情发生以来，全国人大常委会高度关注，栗战书委员长多次就贯彻落实习近平总书记对疫情防控工作的重要讲话精神和党中央决策部署，为疫情防控工作提供法治保障提出明确的工作要求。我们认真学习贯彻习近平总书记重要讲话精神和党中央决策部署，结合民法典编纂工作，对与疫情相关的民事法律制度进行梳理研究，对草案作了有针对性的修改完善。

2020年4月20日、21日，全国人大宪法和法律委员会召开会议，根据全国人大常委会的审议意见、代表研读讨论中提出的意见和各方面的意见，对民法典草案作了进一步修改完善；认为经过全国人大常委会多次审议和广泛征求意见，草案充分吸收各方面的意见建议，已经比较成熟，形成了提请本次会议审议的《中华人民共和国民法典（草案）》。

为进一步做好会议审议民法典草案的准备工作，更充分听取全国人大代表的意见，4月29日，法制工作委员会将修改后的民法典草案再次发送给各省、自治区、直辖市人大常委会，请各地方以适当方式组织有关全国人大代表研读讨论,听取意见。

四、民法典草案的主要内容

《中华人民共和国民法典(草案)》共 7 编、1260 条,各编依次为总则、物权、合同、人格权、婚姻家庭、继承、侵权责任,以及附则。

……

(四)人格权编

人格权是民事主体对其特定的人格利益享有的权利,关系到每个人的人格尊严,是民事主体最基本的权利。草案第四编"人格权"在现行有关法律法规和司法解释的基础上,从民事法律规范的角度规定自然人和其他民事主体人格权的内容、边界和保护方式,不涉及公民政治、社会等方面权利。第四编共 6 章、51 条,主要内容有:

1. 关于一般规定。第四编第一章规定了人格权的一般性规则:一是明确人格权的定义(草案第九百九十条)。二是规定民事主体的人格权受法律保护,人格权不得放弃、转让或者继承(草案第九百九十一条、第九百九十二条)。三是规定了对死者人格利益的保护(草案第九百九十四条)。四是明确规定人格权受到侵害后的救济方式(草案第九百九十五条至第一千条)。

2. 关于生命权、身体权和健康权。第四编第二章规定了生命权、身体权和健康权的具体内容,并对实践中社会比较关注的有关问题作了有针对性的规定:一是为促进医疗卫生事业的发展,鼓励遗体捐献的善行义举,草案吸收行政法规的相关规定,确立器官捐献的基本规则(草案第一千零六条)。二是为规范与人体基因、人体胚胎等有关的医学和科研活动，明确从事此类活动应遵守的规则（草案第一千零九条）。三是近年来，性骚扰问题引起社会较大关注，草案在总结既有立法和司法实践经验的基础上，规定了性骚扰的认定标准，以及机关、企业、学校等单位防止和制止性骚扰的义务（草案第一千零一十条）。

3. 关于姓名权和名称权。第四编第三章规定了姓名权、名称权的具体内容，并对民事主体尊重保护他人姓名权、名称权的基本义务作了规定：一是对自然人选取姓氏的规则作了规定（草案第一千零一十五条）。二是明确对具有一定社会知名度，被他人使用足以造成公众混淆的笔名、艺名、网名等，参照适用姓名权和名称权保护的有关规定（草案第一千零一十七条）。

4. 关于肖像权。第四编第四章规定了肖像权的权利内容及许可使用肖像的规则，明确禁止侵害他人的肖像权：一是针对利用信息技术手段“深度伪造”他人的肖像、声音，侵害他人人格权益，甚至危害社会公共利益等问题，规定禁止任何组织或者个人利用信息技术手段伪造等方式侵害他人的肖像权。并明确对自然人声音的保护，参照适用肖像权保护的有关规定（草案第一千零一十九条第一款、第一千零二十三条第二款）。二是为了合理平衡保护肖像权与维护公共利益之间的关系，草案结合司法实践，规定肖像权的合理使用规则（草案第一千零二十条）。三是从有利于保护肖像权人利益的角度，对肖像许可使用合同的解释、解除等作了规定（草案第一千零二十一条、第一千零二十二条）。

5. 关于名誉权和荣誉权。第四编第五章规定了名誉权和荣誉权的内容：一是为了平衡个人名誉权保护与新闻报道、舆论监督之间的关系，草案对行为人实施新闻报道、舆论监督等行为涉及的民事责任承担,以及行为人是否尽到合理核实义务的认定等作了规定(草案第一千零二十五条、第一千零二十六条)。二是规定民事主体有证据证明报刊、网络等媒体报道的内容失实,侵害其名誉权的,有权请求更正或者删除(草案第一千零二十八条)。

6. 关于隐私权和个人信息保护。第四编第六章在现行有关法律规定的基础上,进一步强化对隐私权和个人信息的保护,并为下一步制定个人信息保护法留下空间:一是规定了隐私的定义,列明禁止侵害他人隐私权的具体行为(草案第一千零三十二条、第一千零三十三条)。二是界定了个人信息的定义,明确了处理个人信息应遵循的原则和条件(草案第一千零三十四条、第一千零三十五条)。三是构建自然人与信息处理者之间的基本权利义务框架,明确处理个人信息不承担责任的特定情形,合理平衡保护个人信息与维护公共利益之间的关系(草案第一千零三十六条至第一千零三十八条)。四是规定国家机关及其工作人员负有保护自然人的隐私和个人信息的义务(草案第一千零三十九条)。

……

(八)附则

草案最后部分"附则"明确了民法典与婚姻法、继承法、民法通则、收养法、担保法、合同法、物权法、侵权责任法、民法总则的关系。民法典施行后,上述民事单行法律将被替代。因此,草案规定在民法典施行之时,同步废止上述民事单行法律(草案第一千二百六十条)。需要说明的是,2014 年第十二届全国人大常委会第十一次会议通过的《全国人民代表大会常务委员会关于〈中华人民共和国民法通则〉第九十九条第一款、

〈中华人民共和国婚姻法〉第二十二条的解释》，作为与民法通则、婚姻法相关的法律解释，也同步废止。

《中华人民共和国民法典（草案）》和以上说明，请审议。